I0495325

Amor en tiempos de guerra

Roger Smith

© 2022 Roger Smith

Diagramación por: Daryana Rivera

Todos los derechos reservados. No se permite la reproducción total o parcial de este libro ni su incorporación a un sistema informático, ni su transmisión a cualquier forma o por cualquier medio, sea electrónico, mecánico, fotocopia, grabación u otros métodos, sin el permiso previo del autor.

Diríjase al autor si necesita fotocopiar o reproducir algún fragmento de esta obra.

Todos los derechos reservados.

ISBN: 979-8-416-37168-5

Publicación independiente.

Impreso en Estados Unidos.

Dedicado a la memoria de mis abuelos y bisabuelos. También se lo dedico a los sobrevivientes y víctimas de las guerras que han pasado en este mundo. Dedicado a las personas que imaginan un mundo en el que solamente existe paz, y es prohibido pensar en las guerras.

"La pintura no ha sido hecha para decorar los apartamentos. Es un instrumento de guerra ofensiva y defensiva contra el enemigo".

~*Pablo Picasso*

"Solo las personas que son capaces de amar con fuerza pueden también sufrir grandes dolores".

~*Leo Tolstoy*

"¡Libros! ¡Libros! He aquí una palabra mágica que equivale a decir "amor, amor", y que debían los pueblos pedir como piden pan".

~*Federico Garcia Lorca*

Mensaje del Autor:

Este es mi segundo poemario. Honestamente, yo no sabía que podría hacer otro poemario en mi idioma natal, ya que siempre he tenido una preferencia en hablar en inglés que en español. Hubo un tiempo, en el cual, iba a perder este idioma porque no encontraba la belleza del idioma español. No fue hasta ver la serie española *"La Casa de Papel"* y las películas de Pedro Almodóvar, que empecé apreciar al idioma español. Este poemario es una declaración que mantengo mi amor y aprecio hacia el idioma español. España es un país precioso con literatura gloriosa, paisajes románticos, cultura genuina y la mejor comida en el mundo. Este poemario es en honor a mis abuelos y bisabuelos por lo que ellos, y muchos españoles, sufrieron durante la Guerra Civil Española. La Guerra Civil Española, es una época oscura para los españoles, pero es prohibido olvidar lo que ha pasado, para evitar otro crimen contra la humanidad. Muchas veces me imagino que, si no hubiese sido por la guerra, yo hubiese nacido en este país significativo y un ambiente diferente. Las series españolas *"Las Chicas del Cable"* y *"Amor en Tiempos Revueltos"* me sirvieron de inspiración para crear este poemario.

Este poemario es para enseñar a la humanidad que el amor es más fuerte que la guerra, porque la guerra solamente destruye el cuerpo, pero no el espíritu, no destruye el amor que tenemos el uno al otro. Es para recordar de donde nosotros venimos, lo que nosotros perdimos, lo que nosotros sufrimos, lo que nosotros corrimos, pero, sobre todo, lo que nosotros sobrevivimos. Mientras nosotros sobrevivimos, estamos ganando la guerra para vivir. Todos nosotros tenemos derecho a vivir con paz y plenitud. La historia sirve para recordar el pasado, entender el presente, para ser más agradecidos y sentir bendecidos por lo que nuestros antepasados lucharon por nosotros. Ustedes son el legado, de sus antepasados, y la mejor manera de honrarlos es hacer tu propio legado.

Quisiera agradecer a mi familia y amigos, que siempre me dijeron que debería ser un escritor y me empujaron a ser un mejor yo. Quisiera darles las gracias también a las personas que arriesgan sus vidas por reportar el lado oscuro de las guerras, aunque les cueste las vidas. Les doy gracias a los pacifistas que se atreven a que su moralidad no sea degenerada en la cara de la amoralidad. Les quiero dar las gracias a Amazon por ayudarme en publicar mi primer poemario *"Amor en Tiempos de Pandemia"* y este poemario, mientras que muchos no podían publicarlo por razones personales.

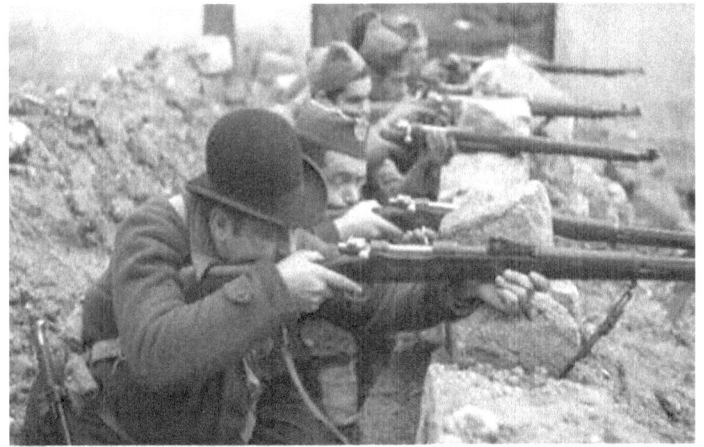
Imagen recuperada de internet.

AMOR EN TIEMPOS DE GUERRA

Te veo y te observo,

siento tus sentimientos,

deseando mi presencia,

para sentir tu caricia.

Cruzo por la calle de la soledad,

que nos separa,

como una guerra,

sin alegría y honestidad.

Nos vemos cara a cara,

nos presentamos con humildad,

nos hacemos chistes del uno al otro,

nos empezamos a enamorar en un verano.

Me asombro a tu ropa azul,

que añade un buen adorno,

a tu sombrero pequeño.

Empezamos a explorar nuestra querida España,

mientras que está siendo asesinada por una guerra interna.

Saboreamos una fabada,

mientras que nuestros hermanos y hermanas,

prueban el veneno de la guerra.

Somos prueba,

de que se puede encontrar amor,

en tiempos de guerra.

Un día te observo,

con tu sombrero favorito,

sonriendo con alegría y vivaz,

caminando hacia mí.

Explota una bomba,

y todo se vuelve oscuro,

como la boca de un lobo.

Lo último que recuerdo,

fue tu mirada hipnotizada,

expirando con tristeza y melancolía,

por la muerte impaciente,

hacia mis restos sangrientos.

Tu vestido azul,

ahora es de rojo,

y tu sombrero voló

hacia la luz,

como el brillo de una luciérnaga.

Aunque nosotros morimos,

en tiempos de guerra,

nuestro amor no muere

en tiempos de guerra,

porque el amor dura,

más que una guerra fría.

CARA AL SOL

Perdí mi libertad,
por ser republicana.
Entraron a mi casa,
sin mi consentimiento,
robaron mi vestuario,
simplemente por tener mente propia.
Me pusieron en una silla dañina,
como mi corazón estuvo dañado,
por los nacionalistas paradójicos.
Me cortan mi cabello,
para revelar mi feminidad,
pero mi feminidad no puede ser cortada
por el egocentrismo del machismo.
Me quitan mi ropaje,
y violan mi cuerpo.
Son nacionalistas paradójicos,
porque se creen nacionalistas,
pero el verdadero nacionalista,
honra e idealiza a la mujer,

porque todo ser humano

proviene de la mujer.

La verdadera nación de un ser humano,

es el cuerpo de la mujer,

así que, si alguien destruye

la presencia de una fémina,

destruye a la misma vez,

su propia nacionalidad.

Me hacen caminar desnuda

por Sevilla,

con vergüenza y furia.

Me hacen cantar el himno de los nacionalistas:

"Cara al Sol",

mientras observo al sol brillando en mí,

con fuerza y sabiduría.

Siento que Dios está observándome,

observando mi cuerpo,

siendo destruido por los traidores de la nación,

con pena y paciencia.

Yo doy cara al sol,

con humildad y orgullo.

Humildad porque yo sé que no he traicionado

a mi nación,

porque no he cometido ningún crimen contra la humanidad.

Orgullosa porque yo soy mujer,

creadora de la vida,

y sin nosotras,

el hombre es simplemente un semen

en el vaso de la vida,

que hace esta nación progrese.

Doy cara al sol,

porque Dios sabe que soy inocente,

y no un criminal que será castigado,

por los ángeles de mi Dios.

Yo siento en mi cuerpo,

que seré salvado por Dios,

aunque nadie recuerde mi nombre,

aunque nadie me salve en este momento,

aunque nadie ame mi cuerpo,

aunque nadie me dé ropa.

Yo sé que soy inocente,

y ellos son los culpables,

por poner en vano a su propia nación,

por poner en vano a sus ideales,

por destruir a sus familias con violencia doméstica,

por destruirse a sí mismos con el machismo tóxico

que el fascismo les regala,

como un becerro de oro.

Doy cara al sol,

porque no le tengo miedo a Dios.

Doy cara al sol,

porque yo sé lo que puedo dar.

Doy cara al sol,

porque yo soy

el verdadero becerro de oro.

Doy cara al sol,

porque mi cara,

es semejante

a la cara de Dios.

El que me bese,

besa a Dios.

El que me bofetea,

bofetea a Dios,

y pierde su cara al sol.

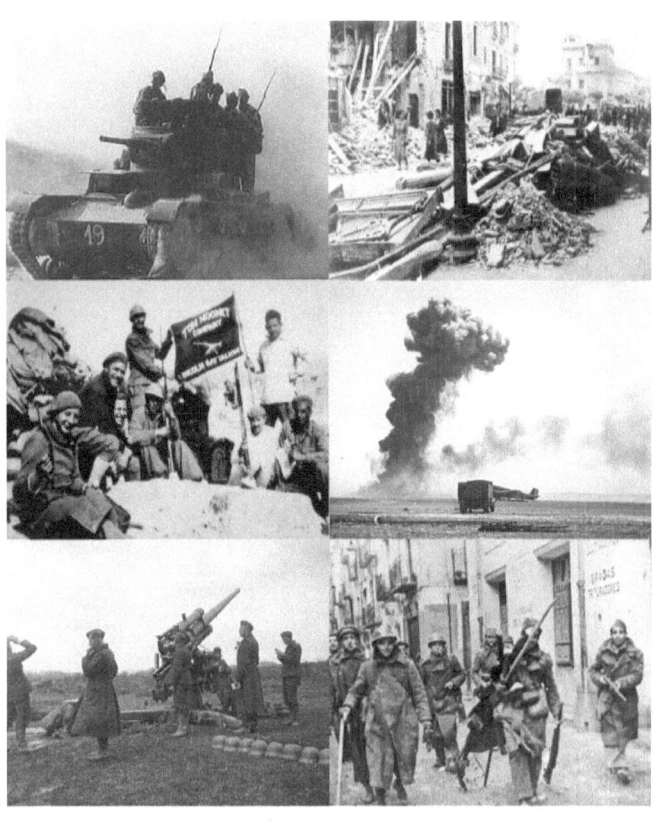

Imagen recuperada de internet.

BLANCO, NEGRO Y GRIS

Blanco, negro y gris,

esos son los colores de la guerra.

Blanco es el color de los fantasmas,

de las víctimas de las bombas,

que quitan el color de tu vista,

y no te devuelve la luz de tu alma.

Negro es el color de las manos,

de los soldados que tratan de esconder

las atrocidades de la guerra.

Pero los ciudadanos no pueden mentir,

sobre sus maneras de vivir.

Gris es el color de las heridas

que los soldados causan a los ciudadanos.

Pinto en óleo,

para revelar el cubismo,

de una guerra,

que el mundo ignora.

Utilizo el caballo y el toro,

como símbolos de mi querida España,

siendo devorados por el fascismo y nazismo.

El caballo representa a la mujer española,

símbolo de feminidad protectora,

ya no existe por el fascismo agresivo.

El toro representa al hombre español,

símbolo de masculinidad luchadora.

Ya no existe por el nazismo atropellador.

Utilizo estos colores,

para que otros países

ayuden a mi país,

y que devuelvan sus colores a mi país,

para que España tenga un arcoíris,

como en los tiempos de Cervantes.

EL POETA GITANO

Dime qué lees,

y te diré quién eres.

Dime qué amas,

y te diré qué careces.

Me gusta la poesía,

porque revela mi autenticidad,

sin ser juzgado por la sociedad.

Yo carecía de autenticidad hacia mí mismo.

No puedo amar a los hombres,

ya que soy un hombre,

pero mi corazón los llama,

como un bebé llorando por su madre.

Son mi inspiración para las obras de teatro,

que he creado como si fuese Dios.

Si yo fuese Dios,

le daría libertad al ser humano,

a escoger su propia orientación sexual.

Si Dios nos dio libertad propia,

pues,

¿Por qué no podemos escoger a quién amar?

Soy un poeta gitano,

pero no pido alimento,

sino libros,

porque los libros

son alimentos para el cerebro,

que nos abren las puertas hacia el brío.

Me arrestan por mi preferencia amorosa.

es una preferencia amorosa,

que muchos la esconden,

como esconden los crímenes de guerra.

No tengo miedo a la muerte,

porque es peor mentirse a sí mismo,

que estar muerto.

Yo sé que seré recordado,

en un tiempo futurístico,

donde mi preferencia amorosa,

será la nueva norma.

Aunque quemen mis libros,

e ilegalicen mis obras de teatro.

Mis fanáticos protegerán mis libros y obras,

porque mis fanáticos están hechos de amor,

y el amor es más perseverante

que cualquier acto meteco.

Mi preferencia amorosa,

dominará cualquier fascismo,

porque mi preferencia amorosa es auténtica,

y la autenticidad es más perseverante,

que cualquier fascismo fraude.

LA IGLESIA CATÓLICA

Iglesias que separan,

porque son construidas por paredes,

y no por obras humanas.

Bautizan a sus seguidores,

pero no bautizan a los republicanos,

porque no son de su sécula.

Aunque no tiran piedras,

tiran balas,

para poder ser protegidos,

por el nuevo gobierno que les da valor.

La Iglesia predica amar a tu enemigo,

pero ellos ejecutan al enemigo,

cuando el enemigo les da la tentación,

porque la guerra les revela su verdadera vocación.

Esconden sus ojos,

por los crímenes de los nacionalistas,

para salvar sus escrituras,

pero no sus seguidores.

No se dan cuentan,

que la Iglesia cuenta,

en sus seguidores,

y no en sus ganancias.

Los seguidores son la verdadera ganancia

de cualquier religión,

porque una religión no sirve,

sino para servir a la humanidad.

IZQUIERDA Y DERECHA

Voy a mi izquierda,

veo el terror rojo,

gente anarquista,

que no cree en un gobierno,

ejecuta a la gente conservadora,

porque piensan que el conservadurismo,

es la muerte de la nueva orden.

Voy a mi derecha,

veo el terror blanco,

gente conservadora,

que creen en el gobierno viejo,

ejecuta a la gente liberal,

porque piensan que el liberalismo

es la muerte de la vieja orden.

No sé qué paso escoger,

ya que ninguno me da placer,

de ser un ciudadano español.

No son mis ideologías,

porque no representan mis virtudes,

pero son virtudes que hay que experimentar,

por el bien de mi patria.

Tenemos que escoger un bando,

ya que hemos sido ciegos,

a este nuevo estilo de vida.

Ser neutral,

es como ser un cadáver,

en una fiesta de nuevo año.

Escoger es responsabilidad de todos,

aunque sea más para mal que para bien.

Ser neutral es la muerte de la vieja orden,

y escoger es el nacimiento de la nueva orden.

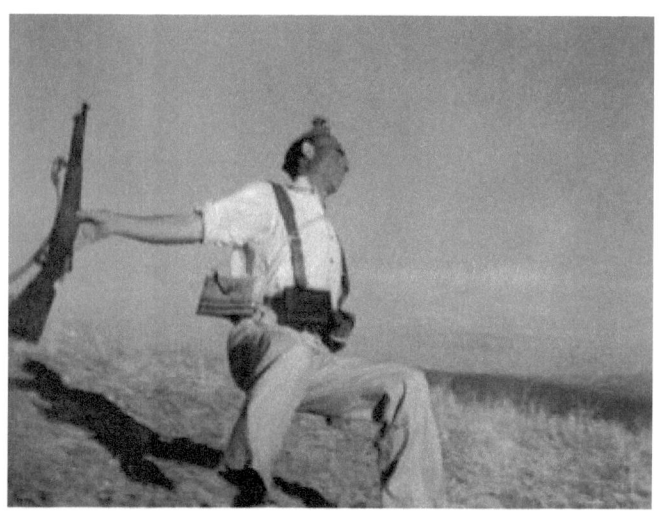
Imagen recuperada de internet.

CROQUETAS

Croquetas,

mi comida favorita.

Hecha de bechamel,

mezclada con trocitos de jamón,

con algunas verduras hervidas,

y aplastadas con un tenedor.

Ese tenedor siempre aplasta,

mi corazón con tu toque abrumador.

El placer de comer la croqueta

es saborear tu lengua,

porque me da un gusto delicioso.

Algunas veces,

viene con un aceite abundante,

como tu amor abundante

hacia mí.

La comida española

es la mejor,

porque da felicidad al corazón,

y satisfacción al estómago.

El sabor de tus labios,

son como la carne de las croquetas,

caliente y sabrosos

del placer de tu atracción.

que da placer a mi corazón,

y satisfacción a mi estómago.

Un día fui a un café,

a probar tus croquetas,

pero tenían un sabor diferente.

Fui envenenado accidentalmente,

pero ningún veneno,

podrá intoxicar,

mi amor por tus croquetas.

INTERVENCIÓN EXTRANJERA

Llamamos por intervención extranjera,

pero nos ignoran,

mientras el enemigo

recibe apoyo de otros países

que apoyan su causa,

pero nadie observa la nuestra.

Otros países mandan armas,

pero no son armas suficientes

para defendernos de las armas enemigas.

Los aliados tienen miedo

de causar otra guerra demoledora,

ya que el mundo está sufriendo

una depresión,

de la cual nadie se ha recuperado.

No nos pueden ayudar,

porque no se pueden ayudar,

a sí mismos.

Son muy egocéntricos

en compartir sus riquezas, armas y ejércitos,

con el mundo entero,

por miedo a comenzar otra guerra

en la cual nadie se podrá recuperar.

EVACUACIÓN

Familias abriendo maletas,
guardando vestuarios
que utilizan para un mejor mañana,
con miedo a si habrá un mañana.
Removiendo pertenencias,
escondiendo de los soldados,
que ya no respetan su tierra,
porque piensan que la tierra
no tiene propietarios,
porque los propietarios no tienen protección
de la ley que les da santificación.
No hay santificación en la guerra,
porque la guerra elimina la santificación,
y bautiza la nueva ley,
en la cual los soldados
se convierten en los nuevos propietarios
y hacen el papel de juez, jurado y ejecutor.
Los ciudadanos tienen que evacuar,
para no ser víctimas de la nueva ley,

porque la ley no los puede proteger,

de la anarquía del ejército ejecutivo.

TORO ROJO

Toro rojo,

rodeado por una audiencia emocionado,

por el destino del toro rojo.

Entra el torero negro,

saca su muleta blanca,

para generar odio hacia el toro rojo.

El toro rojo corre hacia la muleta blanca,

pero el torero mueve su muleta,

rápidamente,

y el toro falla constantemente.

El toro se cansa.

La audiencia grita por su muerte.

La audiencia le da el estoque,

al torero disfrazado de negro

con un sombrero puntiagudo,

lo miran con admiración,

antes de enterrar el estoque,

hacia el toro rojo.

Toro muerto,

para la audiencia morbosa,

que valora la violencia,

pero no la paz interna,

que puedan vivir,

fuera del coliseo.

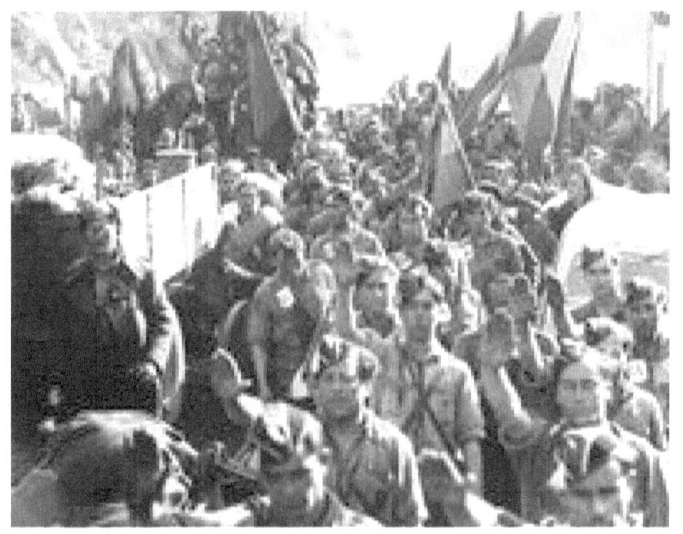
Imagen recuperada de internet.

ANALFABETISMO

Nuestra literatura

era gloriosa,

gracias al don Quijote y el Mío Cid,

pero ahora es olvidada,

por una guerra de analfabetismo.

Nuestros ciudadanos

no tienen dinero para la educación,

solamente para pan y agua,

porque la guerra

les ha sacado los bolsillos,

para arruinarles la educación,

y hacerlos soldados de exterminación,

en vez de escritores de formación.

Ellos saben que, con poco vocabulario,

pueden dominar una nación,

porque no todos los ciudadanos

tienen el mismo uso de palabras.

Un ejército no necesita palabras profundas,

solamente órdenes simples

para llegar a su misión.

Nuestra literatura

era profunda,

gracias a los escritores gloriosos,

pero ahora,

es simplemente creada

por gritos y órdenes simples.

SEIS DEDOS

Anarquía ruge por mi país,

porque nadie sabe cómo gobernarlo.

Todos quieren gobernar mi nación,

pero no saben cómo gobernar su cavilación.

Queremos ser la nueva orden,

pero nadie nos quiere dar aprobación,

por miedo a lo que no ha sucedido anteriormente.

Somos los seis dedos,

el primer dedo es para la orden,

que nos da el respeto que merecemos.

El segundo dedo es para la libertad,

que nos da el progreso para la humanidad.

El tercer dedo es para la dignidad,

que nos da un sentido en nuestra existencia.

El cuarto dedo es para la igualdad,

que nos da un respeto hacia nosotros mismos.

El quinto dedo es para la enseñanza,

que nos hace más sabios a través de nuestra semejanza.

El sexto dedo es para la acción,

porque no hay peor crimen que la vagancia.

Somos parte del destino,

porque el destino está al lado

de los que dan la mano por la humanidad.

LA FALANGE ESPAÑOLA

Somos nacionalistas,

porque amamos nuestra nación,

más que nuestra población,

porque la población no sabe,

lo que es bueno para ellos.

Una nación que controla su población,

sabe cómo hacer progresar su nación,

porque la tierra no es para todos,

sino para los que saben cultivar frutos,

y no descalabros,

en que sobrepoblan la nación.

Somos fascistas,

porque sabes que la democracia es una farsa,

creado por un grupo élite,

que no sabe cómo gobernar una multitud de personas,

porque las personas son muy egocentristas,

para compartir sus ganancias.

Así que nosotros daremos,

lo que es justo para cada ciudadano.

Somos la Falange Española,

y nosotros sabemos lo que es mejor para usted,

a menos que estés contra nosotros,

te expulsaremos de nuestra nación,

porque eres un traicionero para nuestra nación,

porque nosotros somos la nación.

MACHISMO

Hombre macho,

sin corazón,

porque no alimenta,

sus emociones,

que le hacen latir su corazón.

Hombre macho,

sin carácter,

porque no fluye,

con los valores de su asociación.

Hombre macho,

sin piedad,

porque no reza,

por la piedad de su Dios.

Hombre macho,

sin cabeza,

porque no tiene conciencia,

de las consecuencias de sus combates.

Hombre muerto,

con machismo

porque defendía su patria,

pero no su hogar,

de las barbaridades de su nación.

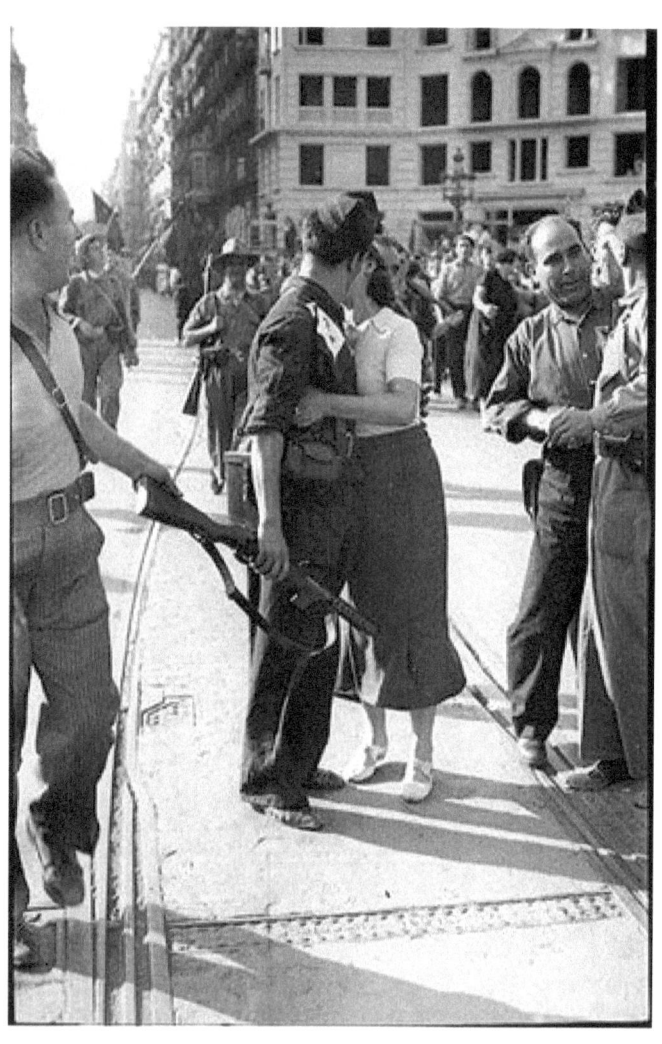

Imagen recuperada de internet.

INFIDELIDAD

Mi mujer llora,

porque dormí con una prostituta.

Le he roto su corazón,

y a la misma vez su confianza en el amor.

Soy un inepto,

por dejar la presión de la nación,

en serle infiel a mi mujer.

Por ser fiel a mi nación,

yo he traicionado mi conciencia,

he traicionado a mi media naranja,

he traicionado a mi esperanza.

Ahora soy una mancha de plátano,

en el polvo de lo que es la infidelidad.

Ser infiel es uno de los peores crímenes

que uno puede cometer,

porque son las personas que tú amas

los que se quedan heridos.

No se puede reparar esa confianza,

ya que temen ser heridos con tus mentiras.

El infiel es un ser inepto,

porque no entiende que la calidad,

vale más que la cantidad.

La lealtad y la honestidad,

brillan y resplandecen más,

que el engaño y la traición.

Mi mujer me saca de la casa,

así que camino hacia mi campamento.

El régimen me da un nuevo hogar,

pero nunca será el hogar

que yo tuve y me sentí amado.

No me quiero sentir amado,

ya que un infiel no se merece ser amado,

sino odiado,

por su ineptitud e irrespetuosidad,

hacia el amor y el romanticismo.

El infiel vale menos que una media naranja,

porque por lo menos la media naranja

sabe deliciosa cuando uno la prueba,

y no amargo como un fementido.

CAPITAL DE NADIE

Carreteras impedidas,

carriles arruinados,

carros explotados,

casas estrujadas,

por los bombardeos nacionalistas.

Caminar con precaución,

para no ser castigado,

por el odio y el castigo,

de los nacionalistas verdugos.

En vez de ir a la escuela,

nos escondemos debajo de la urna,

porque es el único refugio

de la agresión nacionalista.

No me siento seguro en mi capital,

porque mi capital perdió su seguridad

ante la agresión nacionalista.

Los nacionalistas son una farsa,

porque están sangrando

el corazón de su propia nación

y no lloran si se muere un niño.

Los nacionalistas solamente se sirven a sí mismos,

porque han traicionado los valores

de su propia nación.

Ya Madrid no es capital de nadie,

porque ya nadie se acuerda de esta capital,

en la cual, era valorada por los españoles,

ahora es destruida por los nacionalistas.

ANDALUCÍA

La luz de Andalucía

se desvanece por los nacionalistas.

Las mujeres gritan

por piedad de los sublevados,

pero ellos no quieren piedad,

sino obediencia ante sus órdenes.

Los ciudadanos de Andalucía

son llevados a las fosas,

para que sean preparados,

para su último sacramento.

La pérdida de Andalucía,

será la injusticia más agresiva

que será cometida,

por el franquismo colosal,

ya que las familias andaluzas

serán desaparecidas en la oscuridad de las ejecuciones.

La muerte de Andalucía,

será el principio del fin de la República,

y el comienzo de la era franquista,

ya que los republicanos

no se unieron lo suficiente

para pelear contra el fascismo franquista.

El grito de las familias andaluzas

no era suficiente

para unir a España

contra la enfermedad franquista.

HONESTIDAD

Honestamente, pensaba que íbamos a ganar esta guerra,

de manera rápida y eficaz.

Honestamente, el golpe de Estado,

tenía que haber roto la república

con los comunistas y anarquistas.

Honestamente, pensaba que la sociedad

era más inteligente, en unirse con nosotros,

y terminar con este régimen caótico,

para hacer un régimen conservador,

para enseñar a la sociedad el verdadero camino del progreso.

Honestamente, no necesitamos la verdad

para hipnotizar a la sociedad,

para que hagan lo que queremos que hagan,

solamente tenemos que infundirles miedo,

y enseñar las fallas de la República.

La honestidad no existe en tiempos de guerra,

solamente propaganda de las bandas diversas,

enseñando lo que la sociedad quiere escuchar,

para alimentar su vacío, lo que el gobierno anterior

no pudo satisfacer a lo que la sociedad quiere ser alimentada.

Honestamente, nuestras armas son suficientes

para derrotar el gobierno republicano,

solamente nos tomará más tiempo,

para que la sociedad se dé cuenta,

de que nuestro régimen es el indicado.

MOVIMIENTO GOLPISTA

Damos golpes

para recibir reacciones,

de los ciudadanos cobardes,

ya que ellos dejaron su gobierno en escombros.

Son una vergüenza para España,

porque nunca tuvieron la valentía

de luchar por los valores de su país.

Un hombre que no lucha,

no merece ser nacional de su país.

No nos importa a quienes herimos,

no nos importa a quienes matamos,

no nos importa a quienes violamos,

no nos importa qué destruimos,

solamente nos importa nuestra misión,

que creemos justa sobre cualquier tasación.

Damos golpes imperdonables y bombardeos enfrentados,

para que los ciudadanos dejen de ser neutrales,

y escojan uno de los bandos

que les servirá de destino,

de sus decisiones y exilio,

a la vagancia neutral,

porque ser neutral es ser un cobarde,

¿cómo puedes ver a tu país

ser destruido por sus propios ciudadanos,

y no reaccionar de manera vengadora y furiosa?

El movimiento es lo opuesto de ser neutral,

así que muévanse, para poder dirigirlos

hacia la victoria y acontecimientos

de un movimiento sangriento y violento,

pero justa ante los valores de la nación

que glorifican el movimiento progresivo,

y odian la vagancia neutral.

Damos movimientos

para recibir soldados,

de los verdaderos nacionalistas.

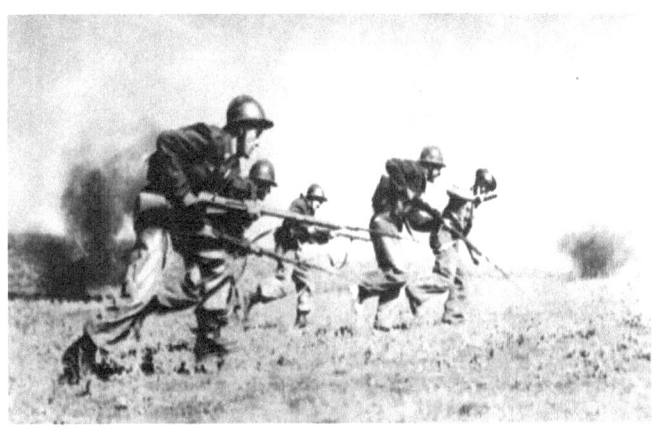
Imagen recuperada de internet.

TEMPLOS DE CÁDIZ

Templos santuarios,

estatuas hermosas,

materias nervudas,

símbolos cristianos.

Serán vandalizados,

por los soldados de la guerra,

para el nuevo movimiento paradigma,

porque solamente quieren creyentes,

de su paradigma fascista,

y no de los santos y ángeles que predican.

Predicar no sirve en la guerra,

porque no mueven tanques y armas,

por eso queman los templos de Cádiz,

porque no les sirven a su guerrilla.

Templos han sido destruidos,

a través de varias guerras,

porque saben que los templos,

pueden durar una eternidad,

y tienen miedo de su simbolismo,

y el impacto que pueden dejar en la humanidad.

No hay humanidad en la guerra,

solamente soldados peleando por un paradigma,

vacío y artificial,

como un templo sin sus seguidores.

RAMOS DE CONSTRUCCIÓN

Somos ciudadanos protestando por una mejor España,

porque amamos a nuestra querida España.

Por favor, gobierno republicano,

escucha nuestro pedido de cambiar.

Hemos estado haciendo el mismo proceso,

que solamente nos ha dado fracaso.

Nos amarramos de nuestras manos y pies,

porque hemos servido a un gobierno,

que no reconoce a sus ciudadanos,

nos dan trabajo,

pero no dinero,

para poder traer pan y agua

a nuestra familia hambruna.

A nuestra casa necesitada.

A nuestra cultura decaída.

A nuestra armonía extinguida

por la pobreza y el egocentrismo.

Hay suficiente comida y dinero para todos,

pero son muy pocos los que quieren compartir

con el resto del país.

Hacemos ramos para construir,

no para dividir y ahogar a la sociedad,

de hambruna y soledad.

VENGANZA

Vengaremos a nuestros hermanos,

que fueron fusilados ferozmente.

Aunque cause una guerra civil,

porque la patria llama por venganza.

Este crimen no será olvidado en vano,

aunque nos maldiga en el futuro,

seremos más odiados,

si nos quedamos con los brazos cruzados,

tengo que vengar a mis compatriotas,

que fueron fusilados por los nacionalistas.

Aunque esto genere más controversias,

entre los bandos.

Ya la nación está harta de conversaciones,

y quieren ver más acciones,

que generen más cambios,

en esta nación que está desapareciendo,

por ignorancia y violencia.

Nuestra venganza es una venganza justa,

porque ellos son los que comenzaron primero,

y nosotros tratamos de ser justos,

pero ellos no quieren justicia,

sino caos en un país

que arde por el verdadero cambio.

FRENTE POPULAR

Nuestra popularidad arrastrará a la sociedad,

para que voten por nosotros.

Aunque nuestros militares

no nos den su respaldo,

sabemos que vamos a ganar las elecciones,

porque somos el régimen indicado.

Nuestra popularidad ganará las elecciones,

porque somos lo que el país necesita.

Queremos igualdad en la nación,

aunque los militares no estén de acuerdo con nuestro credo,

sabemos que nuestro credo,

creará una mejor España,

para hacerlo más progresivo y eficaz.

Nuestro frente,

dividirá a los ciudadanos y militares,

porque a los militares solamente les importan sus intereses,

y no los intereses de los civiles.

Aunque los militares no estén de acuerdo con las elecciones,

nosotros seremos populares en la subconciencia de los civiles,

porque ellos saben que nosotros somos más civiles,

que los militares agresivos.

Si ellos ganan, es por golpes agresivos,

y no por saludos gentiles,

como nuestro frente popular.

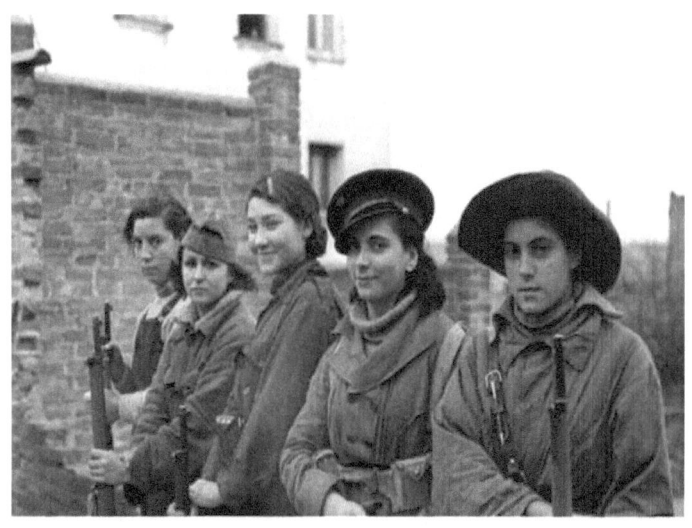

Imagen recuperada de internet.

DULCE DE LECHE

Mi querida argentina,

aunque eres extranjera,

vos me has hecho sentir más en casa,

que el resto de las españolas en Sevilla,

cada vez que nos sentamos a comer tu postre favorito,

dulce de leche.

Mi querida argentina,

aunque tus ojos están separados de tu napia,

yo sé que están cerca de tu corazón,

porque vos me das tu cariño,

con vos mirada gloriosa,

y tu voz me da más placer,

que los cantos españoles.

Mi querida argentina,

aunque los nacionales te acusan de hechicería,

el único hechizo que vos has hecho,

es robarme mi corazón y solamente pensar en vos.

Para mí la mañana no comienza hasta que veo,

vos cabello rubio que alumbra mi vacío.

Mi querida argentina,

no merezco estar en vuestra presencia,

pero tres palabras tuyas,

bastarán para sanar mi alma,

y darle alegría a mi corazón,

por el resto de la conflagración.

Vos eres mi salvación.

Vos eres mi sanación.

Vos eres mi santificación.

Vos eres mi glorificación.

Mi dulce de leche,

me da tanta tristeza

que regresaste a tu tierra,

porque los nacionales te acosaron tanto.

Arrancaría los ojos de los que te acosaron tanto,

porque ellos eran ciegos de tus ojos lujosos.

La belleza es vista bajo los ojos dignos,

y yo soy digno de ver tu belleza,

porque tu belleza me da una paz interna,

que hace detener este conflicto permanentemente.

Yo besaría tus ojos, hasta que te enamores

de tu mirada de la misma manera

que vos hicisteis para enamorarme de mi propia voz.

Arrancaría todas tus inseguridades,

como vos me arrancaste el miedo de amar.

Mi dulce de leche,

yo cruzaría el océano

de la misma manera

que vos cruzaste mi corazón,

y te haré volar, porque nuestro amor

es una magia alteza,

que nos hará bailar el tango de la pasión sobre los fascistas,

y ellos no podrán alcanzarnos,

porque ellos no saben lo que es amor potestad.

Mi dulce de leche,

haremos un golpe de Estado,

sobre los nacionalistas ciegos,

y bailaremos el flamenco de la paz sobre sus furias vengadoras,

porque un amor agudo es más intenso que un millón de furias vengadoras.

Nuestro amor agudo pondrá fin a esta guerra vengadora,

que ha destruido a mi querida España.

Mi dulce de leche,

tu dulzura satisface mi mente,

de una sabiduría impactante.

Y vos leche llena mi sed,

de un gusto delicado.

TOLEDO

Tropas peleando por Toledo,

matando a sus hermanos por el rumbo,

de la guerra interna.

Los nacionalistas no quieren rendirse,

por eso los republicanos destruirán sus citadelas,

por deslealtad y desobediencia.

La lealtad es amar y respetar tu tierra,

y los dos bandos piensan,

que son leales a su nación.

La obediencia es hacerle caso,

a tu nación, sin tener dudas de sus órdenes.

¿A quién obedecer,

en tiempos de guerra?

Soldados masacrando a sus lealtades,

por el bien de su nación.

No sabrán que su victoria,

será corta cuando venga el ejército de Franco.

Será una victoria en vano,

porque la ciudad estará en ruinas,

y sus ciudadanos quedarán en piezas,

de pérdidas y muertes.

Asesinos matando por Toledo,

y ciudadanos sobreviviendo por Toledo.

LEALTAD SOBRE SANGRE

Amo a mi hijo,

pero amo más a mi nación,

porque la nación tiene más hijos de los que yo poseo.

¿Cómo un legado puede producir,

sin una nación gloriosa?

¿Cómo podemos sembrar nuestros frutos,

sin una tierra grata?

Mi lealtad va hacia la nación,

porque la nación sobrevivirá sin mi hijo,

pero los otros hijos no podrán vivir sin su nación.

Mi responsabilidad como general

es más grande que mi responsabilidad como padre,

porque muchas personas dependen de esta victoria.

Me llamarán frío por mis acciones,

pero ellos no saben cómo defender sus soldados,

de responsabilidades maquiavélicas.

Cuando los republicanos me llamaron,

y dijeron que tenían a mi hijo,

yo sabía que tenía que sacrificarlo por el bien de la nación.

Yo le dije a mi hijo, que grité por España,

ya que él sabe que España puede vivir sin él,

pero no sin sus nacionales leales.

Mi lealtad sobre mi sangre,

es el peso más grande que tengo sobre mi corazón.

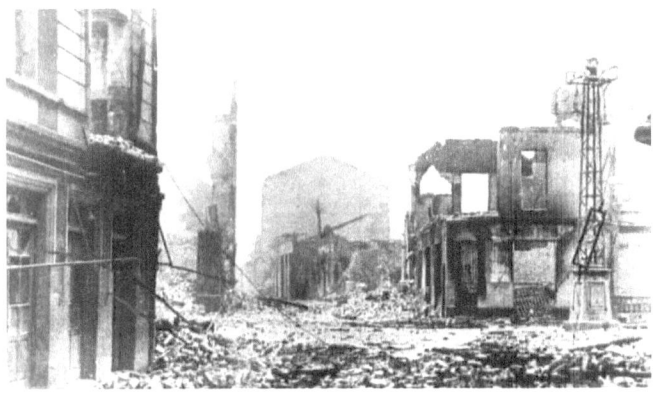
Imagen recuperada de internet.

RUINAS DEL ALCÁZAR

Asedio y defensa,

corren por los pasillos del Alcázar.

Tiran bombas para arruinar el Alcázar.

Tumban las torres,

de uno a uno,

como unos dominós,

aplastando los ciudadanos,

del Alcázar impenetrable,

para quitar el simbolismo de nuestro nacionalismo.

Pero nuestra defensa es nuestro simbolismo.

Aunque perdamos el Alcázar,

no perderemos la guerra por una mejor España,

aunque matemos a mujeres embarazadas,

por ser del lado rojo,

aunque matemos a nuestros hijos,

por ser traicioneros de la verdadera España,

nuestras ejecuciones y ruinas,

serán el fruto de la España fascista.

El ejército de nuestro general,

va por nosotros, porque él sabe,

que nuestras ruinas serán inspiración,

para los demás nacionales a pelear,

por la verdadera España,

aunque los ciudadanos estén contra nosotros,

nuestras ruinas serán prueba que nosotros,

somos la verdadera España.

BARRICADAS

Excavaciones profundas,

cambios terrenosos,

divisiones indagadas,

preparadas para combates invasivos.

Barricadas que justifican nuestras balas,

barricadas que defienden nuestras virtudes,

barricadas que alimentan nuestras peleas,

barricadas que destruyen nuestros enemigos.

Parades de nuestra nación,

dividen nuestros hermanos y hermanas,

pero juntan nuestros guerreros,

para la verdadera guerra que elimina a los débiles,

y premia a los conquistadores,

de la España legítima.

Excavamos y excavamos hasta encontrar a la España legítima,

porque España ha sido enterrada por la cobardía y la vagancia.

Dos instrumentos que solamente sirven para la extinción de una raza.

La cobardía impide el verdadero cambio para ser una mejor versión,

de nosotros mismos y de la nación pura.

La vagancia es el instrumento para detener los otros instrumentos,

e impedir el progreso de nuestra raza pura.

Nuestras barricadas son la extinción de la cobardía y la vagancia.

Para dar a nacer a la España legítima.

JUEGOS PROHIBIDOS

Jugábamos a escondite,

para escondernos de nuestros amigos,

desesperados para encontrarnos,

ahora jugamos escondite,

de las artillerías nacionales,

desesperados para derrotarnos.

Jugamos nuestros juegos prohibidos,

para poder tener nuestras diversiones,

aunque las guerras nos quiten nuestros placeres,

no nos quitarán nuestros humores,

que nos hacen sobrevivir nuestros miedos y tristezas.

Nos enseñan a escondernos,

pero no nos enseñan a revelar nuestras debilidades,

porque el enemigo puede utilizarlo contra nosotros,

pero nuestras debilidades revelan nuestras imperfecciones,

como los verdaderos humanos que somos los españoles.

Nuestros juegos definen nuestra juventud,

porque nuestro humor es parte de nuestra sobrevivencia.

Sin nuestro humor, no podemos ser humanos

porque nuestro humor nos da placer a los otros sentidos,

y sin nuestros sentidos, no tenemos placer de ser humanos.

Nuestros juegos prohibidos nos liberan de ser inhumanos,

y nos hace más humanos a la cara de la guerra.

AVIONETAS AGRESIVAS

Aviones que se disparan,

a la vista del cielo,

queriendo ser el nuevo pájaro

que domine las nubes de España.

Avionetas agresivas que arrasan,

las nubes con sus alas mecánicas,

contaminan el aire con sus humos tóxicos,

arrojando balas y bombas sin importar,

a quién podrán matar y eliminar.

Avionetas agresivas que no conocen el placer,

de cómo volar y ser libres por el cielo.

No son amigos del cielo,

pero no saben los placeres que el cielo les puede ofrecer.

Avionetas agresivas son peores que tormentas feroces,

porque ellos pueden producir tormentas feroces,

sin las presencias de las nubes.

Sus sonidos causan más dolores de nervios,

a los ciudadanos que los relámpagos,

porque esos sonidos pueden causar muerte a su audición.

Avionetas agresivas,

que son libres, pero le quita las alas,

a sus ciudadanos de ser libres de la guerra.

CIVILES VOLUNTARIOS

Aceptan civiles,

pero no santos,

ya que la guerra no es lugar para santos,

sino para civiles que quieren perder su sanidad.

Civiles que caminan por las ciudades,

sangrando la pérdida de sus pies,

se hacen voluntarios por una causa maldita.

Se hacen libres, pero no tienen otra voluntad que matar.

Se hacen libertadores, pero la única libertad que tienen es de sobrevivir.

Se hacen héroes, pero solamente son héroes para su régimen.

Civiles perdidos en su propia voluntad,

pero no siguen la voluntad de Dios,

así que están perdidos porque perdieron su civilidad.

Su vestuario de civil,

se pierde en las masas,

de los cadáveres perdidos,

buscando armas,

para salvar a su nación de ideales controversiales.

Civiles que corren,

pero caen muertos bajo las balas de su régimen.

Civiles que caminan,

sin ningún destino ante la guerra.

Voluntarios que disparan,

pero no saben sobrevivir,

bajo el horror de la guerra.

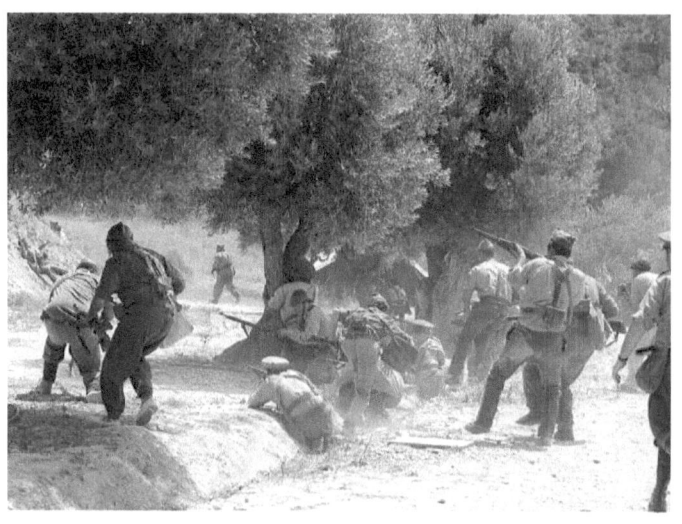
Imagen recuperada de internet.

MILITAR CATÓLICO

Ayudo a mi nación para ser victorioso,

pero mis valores son tiradas al océano,

gracias a la desesperación de mi sobrevivencia,

y la furia de los guerreros familiares.

¿Cómo un católico

al cual fue enseñado

el valor de preservar la vida,

puede ser un militar,

con órdenes para matar?

Un católico no puede ser un asesino,

porque un asesino no puede predicar en una iglesia vacía.

Una victoria no existe en una guerra,

porque una victoria es inútil,

si has matado a todos los miembros de tu casa.

Nuestro pecado mortal,

no es desobedecer a Dios,

sino olvidar nuestra mortalidad,

y creernos dioses para causar maldad,

a nuestros hermanos y hermanas,

e ignorar las consecuencias mortales

que hacemos hacia nuestra propia familia.

¿De qué sirve ser victorioso,

si no puedes celebrar esa victoria con tu familia?

ILUSIÓN

La guerra es una ilusión,

que te promete libertad,

pero solamente te da tragedia.

Me prometieron que iba ser un héroe,

de una nación que valora sus guerreros,

pero yo solamente voy a ser olvidado,

como las docenas de soldados asesinados por el enemigo.

Fuimos ilusionados

con la promesa que la guerra sería rápida y justa,

pero es lenta y carnicera,

como una máquina devastadora,

que se come a todo lo que hace contacto.

Este régimen solamente valora a los que sobrevivieron,

porque ya no les sirve sus soldados expirados.

Fuimos ilusionados con un mejor futuro,

pero vemos que no hay un futuro en un ambiente de guerra.

Fuimos ilusionados,

que nos iban a dar el pan de cada día,

pero solamente nos dan la bala de cada día,

para poder matar de día a día.

Nuestra ilusión es un error mortal,

que solamente será corregido con nuestras muertes,

y nuestros actos heroicos olvidados,

en las tumbas de la historia.

TUMBA DEL FASCISMO

Hermanos y hermanas,

los nacionalistas no entrarán a Madrid.

Nosotros somos la defensa de la República.

Hemos sacrificado nuestros sueños,

para hacer esta República un paradigma real,

y ellos no harán que este paradigma sea rectificado,

por su inmoralidad e ignorancia.

Nuestras manos son más fuertes y comprometedoras,

que sus armas violentas y aviones explotadoras.

Nuestro orgullo es más digno e importante,

que su compromiso maligno en quitar los valores de la República.

Nuestro patriotismo es más significante e impactante,

que su dedicación a quitarnos nuestra patria.

Hermanos y hermanas,

Madrid será la tumba del fascismo,

porque todos los madrileños son republicanos,

dedicados a tumbar el fascismo y llevarlo al océano,

para que se ahogue en sus propias falsas promesas y contradicciones.

El fascismo es la tumba de la democracia,

por eso que el fascismo tiene que morir aquí en Madrid,

sino nuestra civilización no podrá recuperarse de la dictadura del fascismo.

Nuestro legado depende en hacer la tumba del fascismo,

sino el fascismo será la tumba de nuestra democracia frágil.

DOCE CAÑONAZOS

En el nuevo año,

el enemigo tiró doce cañonazos.

Un cañonazo para la oficina de radio,

para romper con nuestra comunicación.

Otro cañonazo para nuestra patria,

para quitarnos nuestra tierra.

Otro cañonazo para nuestra educación,

para quitarnos las herramientas de nuestra evolución.

Otro cañonazo para nuestros vehículos,

para quitarnos nuestra transportación.

Otro cañonazo para nuestra ciudadanía,

para enterrar nuestra identidad.

Otro cañonazo para nuestro propósito,

para quitarnos nuestras ganas de pelear.

Otro cañonazo para nuestra dignidad,

para quitarnos la capacidad de pensar por nosotros mismos.

Otro cañonazo para nuestras mujeres,

para quitarnos la posibilidad de reproducir.

Otro cañonazo para nuestra aviación,

para quitarnos la libertad de volar sobre nuestras preocupaciones.

Otro cañonazo para nuestra juventud,

para quitarnos la responsabilidad de ser felices y divertirnos

de los placeres de una vida pasiva.

Otro cañonazo para desgarrar nuestra comida,

para quitarnos la oportunidad de llenarnos de productos saludables,

y no de productos malignos producidos por la pobreza.

Y un último cañonazo hacia nuestro destino,

para quitarnos la posibilidad de dejar un legado.

MÁLAGA

Masacre en la carretera de la costa,

barcos preparados para invadir una tierra divida,

por los comunistas alarmantes y los anarquistas liberales.

Los militares se vengaron de los habitantes,

ya que no pudieron dominarlos al inicio del golpe.

Los van a invadir de manera catastrófica,

porque piensan que serán dominados por la intimidación y la muerte.

El duque manda sus sublevados

para elevar la tierra del comunismo,

pero en vez de reemplazarnos con libertad,

lo reemplaza con dictadura y maldad.

Los málagos corren por la carretera,

pero ellos no se pueden escapar,

las bolas de cañones de los barcos navales.

Málaga, una ciudad de fortaleza para la República,

ahora caída bajo las manos fascistas,

España pierde su conexión con el resto de la República.

España sufre de la malicia ocurrida en Málaga,

porque será el fin de la república y el comienzo del fascismo.

Los republicanos no reconocerán a su España,

porque ellos han sido traicionados por sus propios ideales en Málaga.

Huyen de sus ideales, pero no se enfrentan al verdadero enemigo.

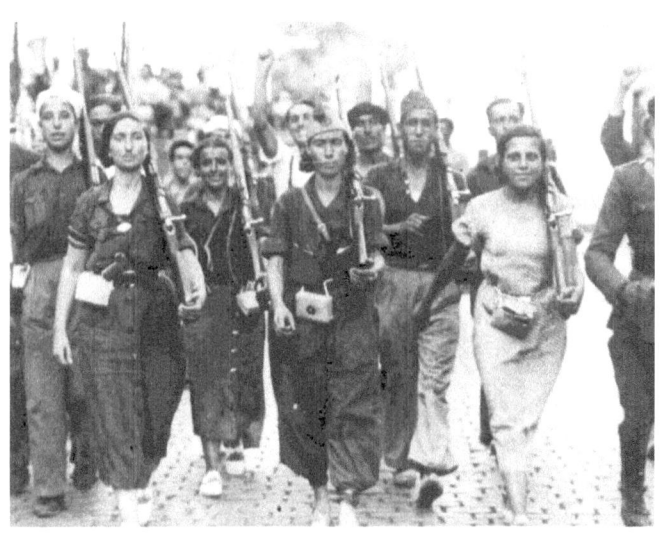
Imagen recuperada de internet.

CAMPAÑA DE AGITACIÓN

Son satanistas estos republicanos,

porque son unos gentiles que no conocen a Dios.

Se dividen entre sus filosofías erróneas,

y abandonan a Dios,

como un soldado que abandona su blasón.

Hay que darle una campaña de agitación,

a estos republicanos porque son ateos,

que han virado el patriarcado.

Han remplazado sus ideales,

por fallas grotescas,

que arruinan los paradigmas de nuestra filosofía moderna.

Esto es una cruzada moderna.

Una pelea moderna entre cristianos y ateos,

peleando por nuestra tierra sagrada,

aunque conquistemos la tierra de manera medieval,

esta tierra será sagrada por nuestra filosofía bendita,

porque Dios está en nuestro lado,

porque tenemos fe y creencia en su palabra y práctica.

Nuestra campaña de agitación,

es una campaña de salvación,

hacia los republicanos para salvarlos de su ateísmo y egoísmo,

que ha destruido nuestra tierra,

y sanarlo de sus errores aterradores.

RESERVAS Y BRIGADAS

Unidades fuertes, unidades débiles,

situadas en un país que ni siquiera conocen el idioma.

Vanguardias que ni siquiera guardan su propia tierra.

¿Cómo ellos van a sacarnos de nuestra propia tierra?

Brigadas de extranjeros,

que no saben en defender a su propia patria,

nos tratan de sacar de nuestro propio patriarcado.

Reservas rigurosas,

que son un peligro para nuestras aldeas,

porque ellos queman nuestras aldeas,

con sus hogueras rotundas,

que van de árbol a árbol con diligencia,

para eliminar nuestras reservas y brigadas.

Debemos de valorar nuestras reservas y brigadas,

porque son de madera fuerte,

que puede sobrevivir el fuego del fascismo.

Nuestras reservas y brigadas,

son más fuertes que las reservas y brigadas del fascismo,

porque somos más disciplinados y enfocados,

que el fascismo indisciplinado y caótico,

que atacan a cualquier criatura que camina por nuestra aldea.

Mientras que nosotros quemamos la mala leña,

que intimida a nuestro patriarcado de madera sólida.

COLINA DE SUICIDIO

Batallones extranjeros,

peleando por una colina

que los soldados terminarán siendo cadáveres.

Un poeta marxista falleció ahí,

no era español,

pero era solo un muchacho.

Y es una tragedia que un joven poeta termine fallecido,

bajo las zarpas de la guerra.

Un joven poeta que pudo haber hecho más obras sobre la belleza del mundo.

Ahora es víctima de la peor tragedia que la humanidad ha creado.

Falleció en la colina de suicidio,

porque es una colina que no era parte de ningún ser humano.

Humanos de diferentes países pelearon ahí para prepararse para la guerra mayor.

Hasta los olivos estaban sangrando,

de las balas que las maquinas disparaban a los republicanos.

Tanta muerte, tanto asesinato, tanta sangre, tanta artillería,

por una colina que ni siquiera tiene nombre para ser recordado.

Aunque los fascistas no dominaron la colina,

los republicanos perdieron gran parte de su juventud,

y la muerte de la juventud, es la pérdida que una sociedad no puede recuperarse,

porque una sociedad no puede prosperar sin su juventud.

Un gran batallón no puede ser victorioso,

sin su juventud,

porque la juventud ayuda que un batallón conquistador,

se convierta en una sociedad próspera.

Mandar a tus ciudadanos jóvenes a la guerra,

es sinónimo de una raza cometiendo imprudencia.

EQUILIBRIO

Equilibrio de fuerzas,

para meter tropas en cada ciudad,

que pide seguridad del hostil.

Equilibrio de armas,

para que los ciudadanos estén protegidos,

de hermanos y hermanas que se odian a ellos mismos.

Equilibro de aviones,

para que puedan volar,

por todo el cielo español,

y no tener espacio para el enemigo no pueda volar,

por la nube de la libertad.

Equilibrio en tiempos de guerra,

es algo falacioso,

porque no puede haber equilibrio,

donde la paz y el orden es inexistente.

Equilibrio de batallas,

que sacan la humanidad de ser un español.

El equilibrio en sus cuerpos,

entre el bien y el mal,

ya no está presente en sus conciencias.

Ahora solamente existe en un sueño inalcanzable,

atrapado por la realidad rara que es la guerra.

Una guerra que ha quitado el equilibrio español,

y ha sido remplazado por el equilibrio fascista.

GUADALAJARA

Durante una primavera lluviosa,

los fascistas trataron de penetrar,

por última vez a la capital,

a través de Guadalajara,

la tierra de Castilla y La Mancha.

Los italianos atacaron con su artillería,

de manera pausada y lenta.

Ellos atacaron la ciudad con sus tanques montañosos,

pero no eran un reto para los tanques soviéticos.

Gracias a las lluvias guadalajareñas,

los tanques quedaron en terreno fangoso,

que hicieron a los tanques montañosos,

ahogarse en sus vanidades engañosas.

Otra victoria para la república quebradiza,

y una mancha para el orgullo nacional fascista,

que ha dominado en la subconciencia de muchos españoles,

durante la gran guerra filosófica española.

Los alemanes les echaron la culpa a los italianos,

por la derrota, ya que el clima no era el clima indicado,

para atacar y conquistar a la ciudad.

Qué ironía que los alemanes van a cometer el mismo descuido,

unos años después cuando invaden a la Unión Soviética,

en un invierno ventoso.

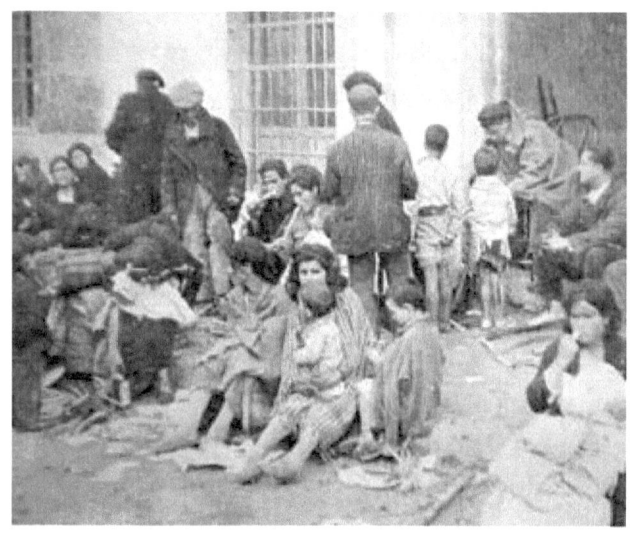
Imagen recuperada de internet.

CARGAMENTO

Cargamentos que cargan nuestros bolsillos,

de granadas polvorosas que penetran cuerpos,

que no valoran el uso de un buen cargamento.

Cargan vehículos correosos,

que corren por el lodo,

de una tierra arrebatada por las botas,

del establecimiento fascista.

Cajas pesadas,

con balas metálicas,

que penetran corazones,

desilusionados por proteger a sus hermanos y hermanas.

Cargamento para seguir echando leña al fuego,

cargamento para remover las tropas enemigas,

y causar un deslumbre hacia la sociedad contemporánea.

Un cargamento puede cambiar el curso de la guerra,

si es utilizado sabiamente, se podrá ganar la guerra.

Cargamentos que cargan el peso de la guerra,

pero no la blandura de la paz,

que hace a los hermanos y hermanas,

juntarse para una meta en común.

Cargamentos que saben destruir a un país enemigo,

pero no cargan los instrumentos ideales,

para gobernar a un país destrozado por las herramientas,

de un régimen vanidoso e insensato.

JORNADAS

Jornadas para proteger nuestros manjares,

de las garras de los fascistas indomables.

Jornadas para encontrar nuestro significado,

en una era de extinción insignificante.

Jornadas para esconder sus cabezas,

de misiles que reemplazan nuestras cabezas,

con sus ignorancias fascistas,

que nos elimina nuestra lógica,

y alimenta nuestra ignorancia.

Jornadas para proteger nuestros libros,

de los fuegos de los nacionalistas furiosos.

Queman los libros para evitar que nuestra imaginación,

crezca y tener pensamiento propio,

y ser libre de la filosofía fascista.

Jornadas para escondernos de las batallas,

que quitan nuestras oportunidades de aprender,

estas batallas prometen libertad y mejores estilos de proceder.

Pero solamente nos regalan ruina y peores estilos de evolucionar.

Jornadas para tener más jornadas,

ya que los nacionalistas quitan días,

a nuestros ciudadanos malditos,

por una promesa farsante,

que sus fallas causan muerte,

para la moralidad humana y orgullo español.

ACCIDENTE AÉREO

General vanidoso,

generalizaba las fallas republicanas,

grandiosamente y pasional.

Grande era su orgullo por su ciudadanía.

Sermoneaba por las localidades,

el fin de la región,

ya que esta región vieja no servía para satisfacer su apetito.

El general quiso volar para dar un golpe de Estado,

a los republicanos que no cumplían con su pensamiento.

Puso todo su equipaje en un avión,

de camino a Burgos.

Pero su equipaje vanidoso,

fue mucho para el avión hostil,

que empezó a estar en llamas,

y al caerse en su propia arrogancia.

Fue un accidente aéreo,

gracias a la torpeza del general,

que retrasó el golpe de Estado.

El general quiso volar por toda España,

para enseñarles que pertenecía sobre ellos,

pero solamente pudo volar a su propio fallecimiento,

enseñándoles su ineptitud, menosprecio,

y las consecuencias de tener un pensamiento vanidoso.

SANTANDER

Valles rocosos,

gramas suaves,

igualizan tus paisajes,

una costa que no cuesta en atender,

su vista de repleto esplandor.

Su extraordinaria gastronomía,

su calidad humana,

de los santanderinos humanos,

su vibrante vida cultural,

y su abundante oferta de ocio,

es la mejor oferta que cualquier español puede conquistar.

Es una pérdida que los nacionales te conquistaron.

Es una tragedia que los conquistadores,

convirtieron a los santanderinos humanos en santanderinos esclavos.

Ya no podré ver tu paisaje Santander,

porque me echaron sal a mi vista.

Ya no podré sentir tus gramas suaves,

porque me quitaron la habilidad de conmoverme.

Ya no podré visitar tu costa caliente,

porque me dieron calambres,

a mis piernas para dejar de caminar,

y ser parte de tu repleto resplandor.

Aunque te conquistaron,

tú siempre serás libre,

en los corazones de los verdaderos conquistadores.

REPORTERA DE GUERRA

Reportar una guerra,

no es cosa de mujeres.

Eso es lo que el machismo informa,

pero yo no voy a dejar que su incapacitad,

me bloquee de mis sueños y ser humana,

en reportar las verdades de una travesía,

ignorada por el resto del mundo,

porque están ocupados con sus propios embolados.

El ejército republicano corre por sus vidas,

mi carro pierde el control y caigo en una emboscada.

El ejército nacionalista me captura con sus carcajadas,

sabiendo que los extranjeros no podrán saber la realidad,

de esta pésima guerra sin mi palabra.

Me acusan de ser traicionera,

por la causa española,

y me mandan a ser ejecutada,

por los nacionalistas heroicos.

Aunque muera,

yo sé que, en un tiempo en el futuro lejano,

mi trabajo será recordado por los verdaderos nacionalistas,

y serviré de inspiración a cualquier fémina,

que se atreva a revelar los problemas grandes y sangrientos del hombre.

Yo seré el símbolo de valentía a cualquier feminista,

que quiera revelar los pecados mortales del hombre machista,

y cambiar al mundo a un paradigma de igualdad,

respeto y justicia para ambos géneros.

Una mártir fémina es inmortal,

y sobrevivirá por más tiempo que los ataques letales,

del nacionalismo fascista frágil.

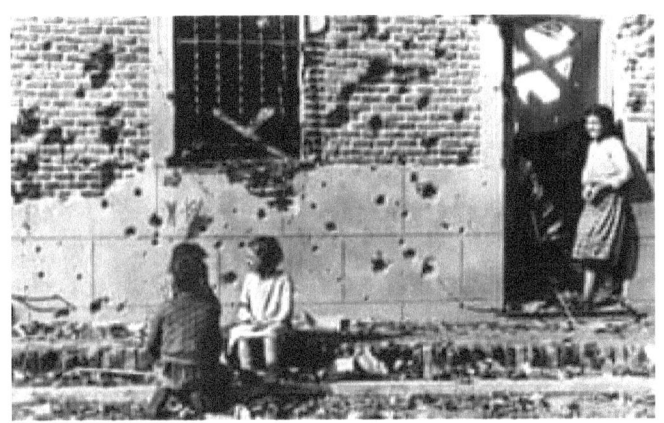
Imagen recuperada de internet.

PLAZA DE TOROS

Nosotros callamos Badajoz,

para poder cometer nuestros pecados,

hacia los traicioneros de nuestra nación.

Nos metieron el miedo rojo,

así que ahora les daremos el miedo blanco,

hacia su valentía nacional.

Los llevamos a la plaza de toros,

para llenarlos con nuestros derrumbes,

y que ellos sientan nuestra venganza.

Una plaza adonis,

con características romanas,

que caracterizan posturas,

de nuestro pasado intrépido.

Tratamos a los republicanos,

como toros asustados,

por los toreros nacionales.

Esta era la corrida de toros moderna,

porque ellos ya no eran humanos,

sino animales que merecían ser aplastados,

por nuestras armas vanguardistas.

Nosotras guardamos el pasado español,

porque eso es lo que España encapricha.

Aplastamos a miles de caprichos,

para evitar que la ciudad sea roja.

Ya no éramos conquistadores,

sino toreros de la plaza de militares.

Nosotros hablamos con alta voz,

mientras ellos sangran con baja vivez.

RESISTE

Resiste republicano,

los exámenes inhumanos,

lanzados por tus hermanos inútiles,

retados por sus miedos profundos.

Resiste republicano,

las balas imperdonables,

llevan por delante,

retos que no pueden ser detenidos por nuestros ideales.

Resiste republicano,

la furia fascista que aniquila,

la familia española,

recuerda tu promesa en proteger a la familia española.

Resiste republicano,

la guerra civil,

lamentado por el individuo educado,

rectificado por el individuo sublevado.

Resiste republicano,

los duelos sempiternos,

liderados por tus hermanos traicioneros,

reprimidos por su capacidad de ser orgullosos.

Resiste republicano,

las trampas nacionales.

Llamamiento por tu deber y perseverancia para,

revivir los momentos gloriosos de nuestra República.

EL CAMPESINO DEFENSOR

Camisa sudada,

por el esfuerzo de plantar su alimento,

por una causa perdida en su búsqueda.

Sombrero de palma,

escondiendo al campesino defensor,

de un sol ardiente que revela la verdad de su circunstancia.

El campesino defensor,

defiende su plantación,

con pasión y satisfacción,

porque él sabe que su nación,

depende de sus provechos.

Sus manos volteadas,

por excavar tierras,

perdidas por la guerra de interiores.

El campesino conecta con su interior,

porque sabe que es de ahí donde consigue su energía,

para poder hacer el trabajo necesario,

que nadie quiere cometer.

Pies torcidos,

por el acto de caminar,

sin parar a descansar,

por la obligación de sembrar y plantar,

los nuevos frutos para alimentar a los soldados descarados.

El campesino cansado,

defiende su plantación,

por el bien de su deber,

y por la justicia de su libertad.

PALMA DE MALLORCA

Una isla preciosa,

con palmas mallorcas,

de una naturaleza especiosa.

Podías ver España desde ahí,

y tener el asombro de respirar el océano.

Desembarcaron los italianos,

y expulsaron a los republicanos,

de su escapada vacacional.

Palma de Mallorca,

se convirtió en una colonia italiana,

siendo una base naval fascista.

Para los nacionales dictatoriales,

una llave clave para la derrota republicana.

Era una mirada protectora hacia el país,

pero cuando perdieron la isla,

la ola de la guerra se tiró al lado de los nacionales.

Perdieron la palma de la esperanza,

y es una pérdida fatal,

ya que es una isla estratégica,

que los protegía de la amenaza extranjera.

El desembarque fascista,

fue el comienzo del fin a la república,

y el comienzo de la victoria fascista.

MINAR LA MORAL

Minar la moral,

para explotar la ilusión enemiga,

y ahogar su esperanza,

hasta que su lucha se convierta en exilio.

Sacar el monstruo al enemigo,

es sacar lo peor del enemigo,

y serán capaces de cometer el peor delito,

que la humanidad ha sido testigo.

Minar la moral,

es minar su propia existencia,

porque no hay moral en ser animal.

Explotar a un ser humano,

nos ayuda a ser dictador,

hacia la familia cotidiana.

Minar la moral,

es destruir nuestros valores,

y alimentar nuestros vicios,

y ser víctimas de nuestras maldades.

Matamos a ellos,

y nos matamos a nosotros mismos,

porque todos somos uno del mismo Dios,

y nosotros no podemos existir completamente sin el otro.

Matar es sinónimo de pérdida,

así que no hay verdadera victoria,

cuando esa victoria tiene ruina.

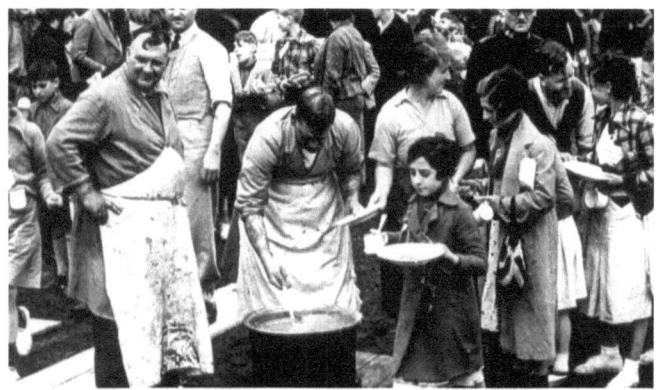
Imagen recuperada de internet.

RECONOCIMIENTO DESHONROSO

Reconocimiento deshonroso,

a las naciones que reconocen otras naciones,

que no reconocen sus propias piedades.

¿Qué nación tiene la audacia

de reconocer a una nacionalidad

que comete crímenes contra la humanidad?

Reconocen para evitar más contiendas,

pero son ignorantes a la hambruna de los fascistas.

Reconocer el problema,

pero no tener la valentía de luchar por la resolución,

es el deshonor más lamentable que uno puede cometer hacia la compasión.

Recordar el bien, pero olvidar el mal,

es como uno olvidar su propia alma,

de las consecuencias de cometer el pecado de la indiferencia.

Los fascistas no paran de alimentar,

su hambruna glotona,

hasta que los aliados defiendan su tierra,

y honren su promesa en proteger la dignidad,

de las víctimas de los fascistas indiferentes.

Vergüenza a las naciones

que reconocen la existencia de los países totalitarios,

pero no hacen nada para liberarlos,

de la tiranía totalitaria dictatorial.

¡Ay, reconocimiento deshonroso,

a los países que son indiferentes,

a los sufrimientos de los ciudadanos,

a la par de sus propios líderes!

VALENCIA LEVANTADA

Valencia levantada,

despierta por las voladuras,

de los atentados fascistas.

Se levantaron los valerosos,

destinados a defender sus suelos,

de los indignantes aviones.

Vuelan para bombardear,

las arquitecturas representativas,

de una era abandonada,

por sus propios ciudadanos.

Cegar su suelo,

que da la luz del sol,

que brilla sobre esos para ser talentudos,

ante el enemigo ofuscado.

Zagueros sacrificantes ante la tentación,

salvaron a Valencia de los atendados,

pero no pudieron salvarse su tierra,

de la devastación nacional.

Valencia fue levantada,

por los nacionalistas,

pero salvada por los republicanos.

Hasta que los sublevados,

perpetraron la tierra,

de los defensores sorprendidos,

por la sublevación,

de los nacionalistas insoportables.

RÍO EBRO

Corrientes que cruzan por el Ebro,
sin saber por dónde brotar,
de una guerra que los sumerge,
bajo una fértil lastimada.
Agua envenenada,
por los cuerpos de los soldados,
que se olvidaron el agrado,
de beber el líquido de la relación,
entre la vida y el fallecimiento,
del cuerpo humano.
Río Ebro,
ahora es el cementerio,
de hermanos y hermanas
envenenados por una filosofía,
de guerrillera,
que casi nunca hay una cura,
que les salve de la desilusión guerrillera,
la guerra remplaza el agua y el alimento,
con el líquido sanguíneo y carne aniquilada,

y se olvidan de sus necesidades naturales,

ya que la naturaleza humana no existe en la guerra,

porque Dios no creó la guerra,

sino la raza humana.

PAISAJE ROCOSO

Paisaje rocoso,

tumbas forzudas,

puentes divididos,

terribles muertes invaden este paisaje.

Planes arruinados,

temores atraídos por las anarquías de los soldados,

poderosos con sus armas, pero pobres con sus valores.

Tentaciones provocativas que dañan el cerebro y envenenan al alma.

Profundas tristezas causadas por las pérdidas exageradas.

Tambores que atemorizan la ciudadanía de una patria perdida por su avaricia.

Peleas que dejan el cuerpo herido y el corazón desnudo ante la ruina.

Tañidos que hacen sangrar las orejas y robar la audición de la mocedad.

Proyectiles que hacen sacar la vista de lo precioso que es este paisaje.

Tanques que atropellan las piernas de nuestros ciudadanos,

para no poder ser derrumbados por las rocas del paisaje.

Tapones que tapan el sol con sus sombras para esconder el paisaje rocoso.

Paisaje Rocoso ya no existe gracias a los guardias del caos.

Tábanos solamente sobrevivieron la batalla entre los soldados,

patroneando sus simbolismos los unos a los otros,

teniendo conciencia de sus consecuencias.

Problematizar las causas de su querida patria.

Tantos tanques, tantas armas, tantos proyectiles,

pero no tenían las herramientas correctas para reconstruir su paisaje rocoso.

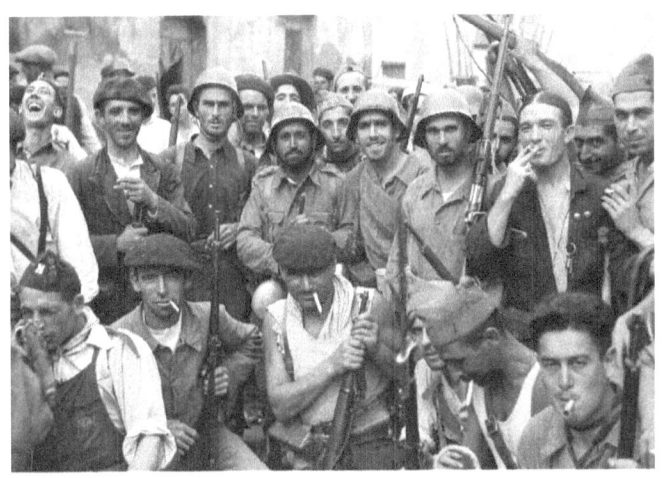

Imagen recuperada de internet.

PICO DE LAS VIUDAS

Soldados se reúnen en el pico de las viudas,

porque sabes que sus mujeres van a terminar siendo viudas.

Soldados se sacrifican por un pico de una montaña,

que su dueña ya no existe gracias a las tropas invasoras.

Pican los soldados con sus garras predadoras,

picando las armas de los soldados y reemplazarlos con bombas,

para que se olviden de sus esposas,

y no sean más barreras para llegar al pico de la montaña.

Soldados perdidos con miedo,

extrañando a sus parejas que era la razón de sus despachos.

Esposas llorando que van a ser viudas,

por el sacrificio en vano que cometen sus esposos,

por una victoria lejana.

Pico de las Viudas,

serán una masacre gracias a hombres perdidos,

que no sabían cómo cumplir sus decretos.

Buscando una misión que les dé significado a sus muertes,

pero no a sus expresiones,

arruinadas por una guerra civil,

que no honra sus héroes,

sino a sus generales,

que claman a la victoria a los sobrevivientes,

que siempre temerán al pico de las viudas.

VIERNES SANTO

Hombres disfrazados de violeta,

para esconder su vergüenza,

de lo que se ha convertido su preciosa España.

Se reúnen en filas,

para ser disciplinados ante la guerra.

Caminan con cajas,

que avisan la llegada de los nacionalistas.

Tiran el humo de la obediencia,

ante el nacionalista triunfal.

Aunque el amor es el arma más poderosa,

el amor no los podría proteger de sus batallas.

En vez de tener una estatua de Jesús caminando con el aspa,

tenían a España caminando con el aspa.

España estaba siendo crucificado por los nacionalistas.

España va a ser crucificado por la supervivencia,

de la verdadera filosofía castellana.

España será enterrado en una tierra olvidada,

y será resucitada en tres décadas,

como Jesús fue resucitado en tres días.

Los hombres serán disfrazados de diana,

porque ellos son los héroes de la verdadera España.

Su viernes santo será recordado por la afrenta,

y serán bendecidos por la pujanza vengadora.

AUTOMUTILACION

Miedo a pelear,

dañan su pelleja,

para ser enviado a un hospital.

No para ser curados de sus heridas físicas,

sino de sus heridas humanitarias,

ya que ellos han perdido la motivación para luchar.

Se les olvidaron lo que se significa ser un estratega,

de la gran República Española.

Un estratega no daña su propia pelleja,

porque su pelleja es parte de su nacionalidad.

Automutilar su propia pelleja es como dañar su propia tierra.

Las mujeres vienen a darles masajes a los estrategas,

para que reconozcan el placer y por el cual luchan por su España.

Les besan sus heridas en sus pellejas,

para que puedan sembrar el fruto de la ternura.

Así podrán amarse a sí mismos y a su patria.

Valentía para luchar,

dignidad para progresar,

dedicación para disparar,

defender para salvar,

lo que se ha perdido y no se podrá recuperar,

por una guerra que ha dejado la sociedad indigna,

de seguir ejecutando a sus propias camaradas.

FORTALEZA

Fortalecer nuestras tropas,

para balancear a la milicia,

que come a nuestra sociedad.

Fortaleza para tu propia voluntad,

aunque ellos te quiten la voluntad de caminar.

Rompe cristales que rompen nuestra fe en nuestro ejemplar,

pero ellos no nos podrán romper nuestra fortaleza,

porque nuestra fortaleza está hecha de plata,

que no podrá ser penetrada por sus granadas.

Ten fortaleza de luchar,

aunque nadie esté a tu lado de lidiar,

las batallas del partidario.

Ten fortaleza de eliminar tu miedo,

aunque te estés ahogando bajo tu temor.

Fortalecer nuestras derrotas,

para poder tener mejores victorias,

aunque la sociedad nos abandona.

Ten la fortaleza de salir,

y ver a los ojos de tus adversarios,

para enseñarles que tu fortaleza es más grande que la de ellos.

Fortaleza para calmar tus preocupaciones,

y llenar tu cuerpo de furor,

para darle tu furia al enemigo,

y que sea extinguido por tu castillo.

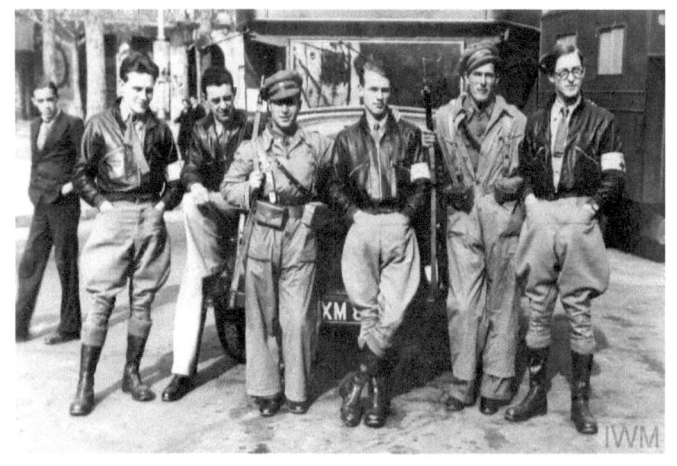

Imagen recuperada de internet.

CATALUÑA

Cruzar por Mequienza,

para invadir a Cataluña.

Ya las tropas republicanas estaban exhaustas,

de luchar y seguir el paso de la victoria.

Catalanes caídos por su derrota,

comidos por la peste fascista.

Caimanes carnívoros comiendo a Cataluña,

y por lo que representaba a España.

Catalanes gritando independencia ya que,

su idioma, nombres cristianos, y su autonomía,

estaban prohibidos ante el nuevo paradigma.

Ya que este era un paradigma encerrado,

en su propio orgullo y desprecia a lo que es distinto.

Segunda ciudad más grande del estado republicano,

perdido ante el nacionalismo enfermizo,

que solamente valora sus propios agrados.

Ahora los republicanos corren en peligro de extinción.

Los catalanes comen sus uñas de pavor,

por perder su identidad a algo forastero,

que no los define a su tipo de simbolismo.

No hay peor tragedia en perder su identidad, idioma, rituales y simbolismo.

Catalanes siempre se sentían únicos ante la tierra española,

ya que eran catalanes y no españoles.

Ahora tenían que correr de la amenaza nacionalista.

Cruzar por la frontera,

para escapar de los ladrones,

crear una nueva identidad,

ante el nacionalismo fingidor,

ya que la identidad no existe en el terreno,

sino en la sociedad que crea y enriquece en esa identidad,

entre sus herederos y herederas.

EMIGRACIÓN

Dolores estomacales,

pies sudados,

ojos cansados,

cabello enredado,

en un barco,

emigrando de mi nación,

para escapar de la pandemia nacional.

Siento gran tristeza por mi embrión,

ya que nacerá en Cuba,

y no en España.

Se dice que Cuba

tiene el peor acento,

porque es un acento brusco,

como la fuerza de los xenófobos.

Así que me da dolor,

que mi embrión,

no podrá escuchar esos acentos preciosos,

que han definido mi nación preciosa.

No sé qué me da más mareo,

mi embarazo,

mi depresión por la pérdida de mi terreno,

o este barco que se está moviendo de manera bien brusca.

Emigro a una nación que no conozco,

y estoy en un estado de pánico,

ya que no sé qué hacer cuando llegué próximo,

para poder conseguir trabajo y asilo.

Emigrar es olvidar el pasado,

para crear un mejor futuro,

pero no sé si hay un mejor futuro,

sin mi reino.

TIERRA QUEMADA

Republicanos desesperanzados,

frustrados por la pérdida de sus batallas,

no van a permitir a que los nacionalistas,

capturen a Castellón con sus ganancias.

Aprendieron de los soviéticos,

en como quemar su tierra para que los nacionalistas,

no puedan tocar a sus tesoros.

Republicanos disfrazados de nacionalistas,

para esconder sus vanidades,

traen a todos los jóvenes, ancianos y mujeres,

y los ejecutan como si fuesen sus enemigos.

Queman iglesias, casas y edificios,

para poder dejar a Castellón quemada en el olvido.

No hay peor traición que ejecutar a tu propia población.

¿Qué vale un soldado que ejecuta y no protege

a la población que prometió refugiar de la furia del contrincante?

No solamente quemaron a su propia tierra esa noche,

sino por todo lo que ellos representan.

Sus motivaciones para pelear ya estaban en quiebras,

porque quemaron su espíritu en las matanzas,

de sus familiares confundidos y traicionados.

El corazón de la república murió en Castellón,

ya que no podían diferenciar entre los nacionalistas y republicanos.

LA ULTIMA FOTOGRAFÍA

Respira, apunta, rueda y tira,

para conseguir la foto perfecta.

Soy mujer, judía y socialista,

que para la sociedad soy el anticristo.

Mi pareja y yo hicimos un seudónimo,

de un fotógrafo famoso,

Para que la sociedad nos otorga,

la oportunidad de vivir nuestra pasión,

con sensatez y emancipación.

Ya que cerraron mi boca,

no podrán encadenar mis capas,

para fotografiar la verdad,

y una foto dice más que mil palabras.

Me gusta las fotos en blanco y negro,

porque revela las emociones que no se pueden ver a color.

Las fotografías nos recuerdan de nuestros desconsuelos.

Nos provocan malestares para combatir a nuestros enemigos.

Nos revelan la verdad oscura que nuestro gobierno tiene cubierto,

con indignidad y golfo.

Yo corro con adoración,

hacia un campo de batalla para capturar su emoción.

Aunque el general me prohíbe el paso de la conmoción,

sigo fotografiando la carnicería acometimiento.

Respiro, corro, esquivo y capto,

las imágenes que el gobierno no va a enseñar,

a sus ciudadanos ciegos de la guerra.

Nosotros huimos para escapar de la furia fascista.

Un taque republicano choca con mi guagua.

Respiro, sangro, despierto y titubeo,

por la pérdida de mi durabilidad.

Soy la primera fotoperiodista guerrillera,

y aunque no duraré eternamente,

por lo menos yo seré un numen,

para las otras fotógrafas que quieran ser ilustres,

de la verdad escondida por los gobiernos corruptos.

Soy la primera fotógrafa en morir en un conflicto,

pero yo seguiré viva en mis positivos,

ya que son más auténticas y reales que estos gobiernos.

Los ojos de una mujer,

valen más que las manos de un hombre,

ya que la mujer observa con su corazón,

mientras que el hombre observa con su apetito.

Respiro, vomito, duermo y expiro.

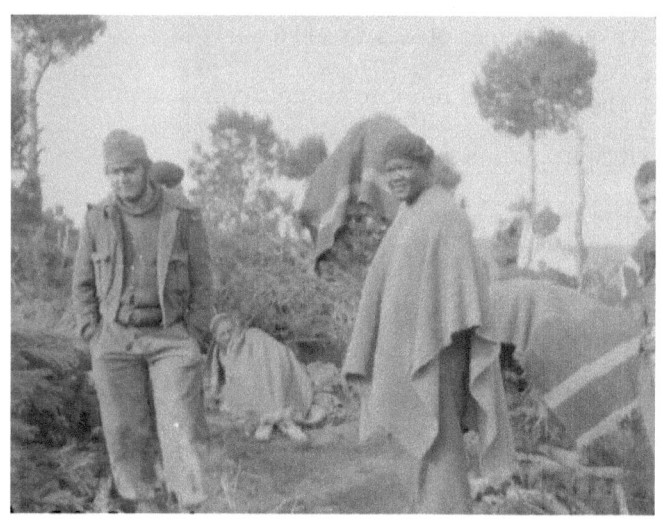
Imagen recuperada de internet.

JUVENTUD MILITAR

Juventud que recoge sus pistolas,

para apuntar a su inocencia,

para dejar de ser niños,

y olvidar lo que es comprobar,

ser feliz en la tierra de nuestra patria.

Jóvenes disciplinados,

que destruyen su felicidad e imaginación,

para ser aceptados por el sistema militar.

Juventud inhumana,

porque no saben lo que es quedar,

como un ser humano,

con una sonrisa jocosa,

que hace esta guerra desaparecerse.

Son solamente criaturas,

siguiendo órdenes destructivas,

para causar más daño a su identidad,

hasta el punto de que no saben qué son y porqué pelean.

Juventud a la pérdida de una guerra,

que desperdicia a sus ciudadanos,

por bombas, balas, y aviones,

que no les importa quienes los maniobra,

solamente cómo se maniobra,

y den resultados satisfacientes para la causa,

pero no para su juventud militar.

DESLIZAMIENTO DE ROSAS

Una rosa para las mujeres,
que lloran por sus amados,
otra rosa para los soldados,
que pelean por sus causas.
Otra rosa para los maestros,
que educan a individuos ciegos.
Otra rosa para los enfermeros,
que salvan cuerpos sin espíritus.
Otra rosa para los ancianos,
que tienen riquezas sin herederos.
Otra rosa para los nacionales,
que fusilan sin razón.
Otra rosa para los republicanos,
ya que defienden una causa sin apoyo.
Otra rosa para los niños,
que no podrán ser adultos,
en un ambiente de batallas.
Otra rosa para las niñas,
que no podrán ser madres,
en un ambiente de interrupciones.
Otra rosa para los expulsados,

que no podrán regresar a su pasado.

Otra rosa para los derrotados,

que serán esclavos del vencedor.

Otra rosa para los escritores,

porque serán esclavos,

de la nueva orden fascista.

Y una última rosa para los españoles,

que caminan sobre una tierra irreconocible.

INVIERNO INFERNAL

Frío tembloroso,

que hace temblar mis manos,

de miedo de matar a un compatriota mío.

No puedo sostener mi secador,

gracias a la nieve que entierra mi cuerpo.

Invierno infernal,

que invade mis piernas,

de furia interna para matar a mis hermanos.

No puedo dejar de sentir culpabilidad,

de eliminar a mi propia familia,

gracias a mis valores cristianos.

Temperatura inhumana,

que hace mi régimen inhumano,

de pensamientos hostiles hacia el enemigo.

No se pueden recuperar su mundo,

ya que su mundo ha sido extirpado por la profanación.

Ventiscas agresivas,

que nos hace ciegos ante la batalla,

De poder ser victoriosos o víctimas de nuestra familia.

Nos da miedo el sonido,

gracias a la sorpresa del enemigo.

Oscuridad profunda,

que hace mis compatriotas perdidos,

de poder ser reconocidos por el alto mando.

No pueden rezar ante Dios,

gracias a sus dudas profundas.

LOS BUENOS CIUDADANOS

Respetar a los buenos ciudadanos,

que han sacrificado por nuestros fundamentos.

No hagan maldades hacia ellos,

sino sembrarás semillas de odio entre ellos.

Y no queremos eso,

porque sufriremos otro conflicto.

El corazón español,

esta sangrando muchísimo,

y hay que restaurar el crédito,

que nosotros hemos salvado

de los poseídos republicanos.

Respetar a los buenos ciudadanos,

es como darle paz a nuestro ser interior,

porque ellos son parte de nosotros.

Nosotros no podemos gobernar sin su respeto,

hacia nosotros.

Un gobierno no sirve sin sus buenos ciudadanos.

Sino seremos una anarquía de caos,

que ni el mismo Jesús podrá poner en método.

Nuestro método es bueno y efectivo,

y por eso los buenos ciudadanos nos harán caso,

porque ellos saben cómo respetar a los victoriosos,

y no a los republicanos apocados,

que huyen cuando el conflicto se pone robusto.

Nuestro fundamento es de confianza y respeto,

sin esos atributos,

solamente seremos semillas de odio

hacia los republicanos malvados.

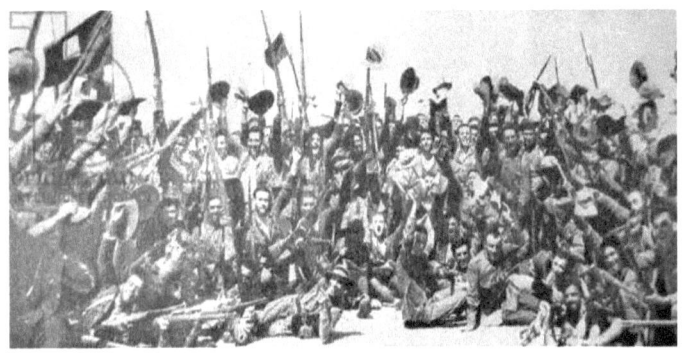
Imagen recuperada de internet.

TARRAGONA

Los soldados cansados,

movieron su armamento,

afuera de la población.

Para que el enemigo,

no robe sus recursos.

Tarragona se ha convertido,

en una tierra de cansancio,

de una guerra perdida por sus devaneos.

Tarragona quiere tragarse los nacionalistas,

para que los verdaderos españoles,

pueden tocar su tierra de novatos.

Despidiendo de su tierra no es cómodo,

pero es necesaria para que el humano esté vivo.

Ven sus catedrales viejas,

que pronto serán derrumbadas,

por los nacionales agresivos.

Ya no serán observados,

por los extranjeros perdidos,

buscando una clase de aseveración.

Ahora, ellos tendrán que buscar otro tipo de aseveración.

Tarragona, antes tierra de personas encontradas,

ahora tierra de personas perdidas,

en un laberinto de caos y muertes.

Tarragona, tierra hundida por los nacionalistas,

esperando que sea desenterrado,

por los verdaderos patriarcados.

HAMBRUNA

Este alimento me sabe a algo maligno.

No es algo delicioso como la paella que hacía mi padrastro,

pero ahora está muerto gracias a los bombardeos.

El sabor de mis alimentos,

se ha perdido gracias a este conflicto maligno.

El conflicto maligno me ha quitado mi parentesco,

y ahora mis alimentos necesarios para estar vivo.

El conflicto maligno me ha dado una hambruna fija,

que da dolor no solamente a mi estómago,

sino a mi corazón,

que me hace llorar por la España vieja,

como un deambulante llorando por ropa vieja.

Extraño el jamón ibérico,

que llenaba mi estomago gordo.

Ahora mi estómago,

es una tortilla plana,

sin maduros ni huevos.

Ahora como gatos callejeros

y palomas asesinadas por mis vecinos.

Para satisfacer mi hambruna

que me hace comer cosas malignas.

Vomito perros y gatos,

para poder soportar el sabor maligno,

ya que este conflicto me sabe a algo maligno.

REFUGIADOS

Personas en campamentos

sentados escuchando composiciones,

De la pérdida de sus casas.

ya sus casas no están paradas,

solamente un campo para compartir con personas raras.

Personas raras que no se conocen,

pero sufren del mismo origen.

Un origen que ha afectado su gente,

y ahora están en búsqueda de un nuevo escaque.

Refugiados, los sobrevivientes de la pelea,

que nos matan al uno y a los demás.

Los refugiados piensan que los muertos,

son los que tienen el destino

de no sufrir lo que ellos están sufriendo.

Refugiados desamparados,

por la nueva ley de la duración.

Refugiados aplastados,

por los bombardeos arrasadores.

Refugiados heridos,

por las balas amenazadoras,

que asesinan a nuestros ascendientes,

pero no nuestra relación con ellos,

porque ellos siempre vivirán en nuestros corazones.

Somos refugiados de nuestras casas,

pero nunca de nuestros familiares.

Aunque tengamos diferentes finales,

siempre vamos a tener el mismo origen,

y eso nadie nos podrá refugiar de eso.

COCHES DE NIEVE

Carreteras nubladas,

por la nieve agresiva.

Carreteras bloqueadas,

por la nieve devastadora.

Salidas interrumpidas,

por la mezcla de los coches.

Pasos prohibidos,

por coches abandonados.

Coches bloqueados,

por el frío de los nacionales,

que impiden la salida de los republicanos.

Republicanos atrapados,

por la impiedad de los coches.

Coches de nieve,

que entierran a los pobres,

y atrapan a los antipatriotas.

Sus motores suenan,

para darles cobardía,

a sus esperanzas.

Coches de nieve,

que solamente comen a los débiles,

y dan culto a los ganadores,

aunque los ganadores son crueles,

y no humanos victoriosos,

que abrazan a la compasión,

y rechazan al desafío.

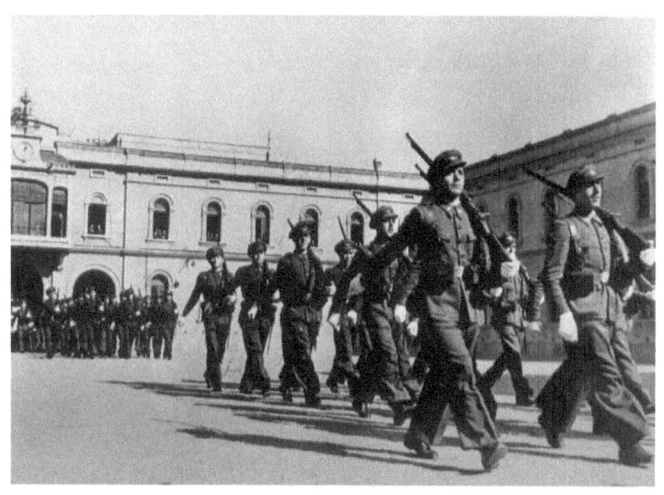
Imagen recuperada de internet.

LUCERO VERDE

Nacionalistas vindicadores,

ten piedad de tus mujeres.

Ahora y en la hora de nuestra muerte.

Fuimos derrotados por tu hueste,

ahora no dejes que tu hueste nos ejecute.

No vas a ganar si ejecutas cualquier ser,

que no se una a tu clase de fe.

Ahora y en la hora de nuestra muerte.

Una victoria no se puede celebrar ante una masacre.

Vamos a evitar más sangre,

y hablar antes que sea muy tarde.

Tenemos tiempo para resolver este desmadre,

antes del anochecer,

para tener una noche de placer.

Estamos cansados de luchar,

para causar más sufrimiento a nuestra familia.

Somos todos una familia,

ahora y en la hora nuestra muerte.

Nacionalistas vindicadores,

reconoce a tus capturados como tus hermanos y hermanas,

porque el victorioso verdadero sabe separar,

entre el perdón y la venganza,

ahora y en la hora de nuestra muerte.

DESERTORES

Cobardes insensatos,

vagos fracasados,

cretinos malditos,

vengadores falsos.

Caminan cobardemente,

vestidos de extraterrestres,

contra sus valores,

videntes de sus deberes.

Corren a un desierto para evitar la muerte,

vandalizando su propósito de existencia.

Chivarse de sus camaradas,

vivir sin tus hermanos y hermanas,

creas líos hacia tu bando,

vacante hacia el enemigo.

Culpable de un pecado bochornoso,

vanidoso el que cree que es libre de su obligación.

Creador celeste no te podrá perdonar de tu deserción.

Vayan hacia el desierto,

Chocarán con su propia traición.

Víctimas de su propio temor.

Clamarán en el desierto,

vomitarán dentro de su propio vacío.

MENORCA

Isla pequeña,

isla leal,

isla trabajadora,

isla de la preciosidad.

Siempre fuiste leal a nuestra causa,

pero ahora es tiempo a que te rindas a la nueva ideología.

Eras una isla auténtica porque eras la única isla,

bajo nuestro bando desde la máxima.

Nos aceptabas en tus playas hermosas,

con una vista panorámica que no se podría comparar.

Desde tus montañas,

podría ver toda la costa española,

con una paz y tranquilidad genuina.

Bebía coco de tus palmas,

con un placer gustoso.

Ahora tendrás que aceptar los barcos enemigos,

para que tu existencia sea un cielo en el próximo mundo.

Tendrás que soportar su nuevo dominio hasta próximo aviso.

Le darás tu tierra y tu vista de asombro,

pero nunca les enseñaras lo que me has enseñado.

Isla perdida,

isla loca,

isla democrática,

isla de la república.

CARTAGENA

Bases navales,

barcos rotundos,

balas perdidas,

bandidos ejecutados.

Barcos hundidos

por los bombardeos nacionalistas.

Cartagena sangra,

por la causa nacionalista.

Bateando por una nueva causa,

los militares no saben que salvar,

si hay fuego por todas partes.

Sus ciudadanos sufren,

y no los pueden ceder,

ante la salvación de Olite.

Nadan para un coste,

que no será recordado,

por los ciudadanos,

que ya sufrirán el nuevo gobierno.

Cartagena muere,

mientras que los nacionalistas rigen,

por una nueva ley y orden.

Brillos celestiales,

bajones irreversibles,

barriles perdidos,

bendiciones borrosas,

por un bombardeo sin piedad.

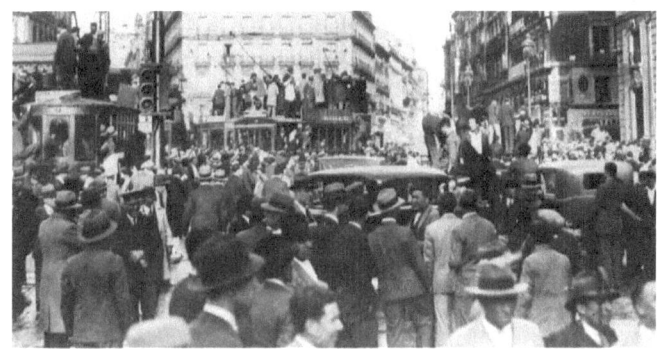
Imagen recuperada de internet.

INUNDACIÓN DE PRISIONEROS

Carreteras inundadas,

por la derrota republicana.

Personas abrumadas,

por la victoria nacionalista.

Personas sin identidad,

ya no saben qué representan.

Son prisioneros del nuevo paradigma.

Caminan por las carreteras,

pidiendo ayuda hacia los nacionalistas,

para que no terminen en la jaula,

pero ya es muy tarde para sus libertades.

Los nacionales no perdonan a los infieles,

por eso que hay una inundación de prisioneros.

Prisiones llenas como mujeres embarazadas llenas,

después de comer una buena cena española.

Claustrofobia domina a las víctimas,

porque ellos no pueden moverse de la multitud de personas.

La multitud es su debilidad,

porque no trabajaron como una plantilla,

para derrotar el problema fascista.

Ahora sufrirán la última solución fascista,

porque ellos no creen en el perdón ni en la segunda oportunidad.

Comen multitudes como mujeres embarazadas,

se comen a una multitud de croquetas.

Los fascistas comerán a estas multitudes,

hasta que las carreteras estén vacías de republicanos.

SILENCIO DE LOS MADRILEÑOS

Las fronteras se caen.

Los madrileños se quedan discretos,

ante el sonido de los nacionalistas,

corriendo por las carreteras madrileñas.

Los nacionales celebran su victoria,

en el corazón de España,

con sonidos y fiestas.

Los generales nacionalistas,

celebran en las barras,

robándose tragos hasta las barras se quedan vacías.

Los aviones nacionales vuelan,

sobre los madrileños asombrados por su velocidad.

El ruido de los nacionales,

intimidan el silencio de los madrileños,

porque ellos no quieren fiestar con los enemigos.

Tienen miedo de hablar porque podrían terminar ejecutados.

El silencio de los madrileños son un disimulo,

para esconder sus frustraciones y enojos,

ante el resultado del conflicto español.

El silencio de los madrileños,

es ahora su única salvación,

ante la victoria de los nacionales.

EL ÁNGEL ROJO

Soy un ángel rojo,

pero yo no soy un asesino.

Soy un socialista orgulloso,

que cree en los valores republicanos.

Me quedo aquí ante los victoriosos,

con la cara a lo alto,

y con la vergüenza debajo,

porque yo di mi máximo.

Un buen soldado,

nunca se va a quedar rendido,

porque sabe lo que está bien y maligno.

Me pueden arrestar y dejarme fusilado,

pero nunca me quitarán mi esperanza que me mantiene activo,

y conectado espiritual y metafísicamente ante mi Dios.

Dios es mi juez, jurado y verdugo,

porque es el único que conoce mis pecados.

El mediador entre Dios y los humanos es el espectro,

así que no traicionaré mi espíritu por un fracaso carnoso.

Soy un madrileño orgulloso,

con humildad hacia mis logros,

y paciencia ante mis defectos,

porque ningún ángel es perfecto.

La diferencia entre un ángel y un demonio,

es que el ángel se ama a sí mismo,

aunque sea odiado por todo el mundo.

Mientras que el demonio se odia a sí mismo,

aunque sea amado por el mundo entero.

NATALIDAD

No quiero ser madre,

en una zona de combate.

Eventualmente mi bebé,

será asesinado por el régimen.

Mi cuerpo no es propiedad de nadie,

y mi valor no depende de tener infantes.

Soy mujer,

no una máquina para crear lactantes.

Tengo cerebro, sentimientos, imaginación y digna de ser honorable.

¿Qué sirve ser mujer si es solo para procrear?

No entiendo a mis padres,

que dicen que no tengo dinero para comprar un coche,

ni vivir mis ilusiones,

pero sí para tener criaturas.

Este tipo de pensamiento para mí es una infamia,

porque nos hace a las mujeres esclavas de la filosofía machista.

La familia es buena, como es manipuladora,

que arruina tu libertad de ser dicha,

y te hace esclava ante una responsabilidad que nunca querías.

Me dicen que soy egocéntrica,

pues si ese es la peripecia,

yo prefiero ser egocéntrica,

que estar amargada por el resto de mi vida.

Nosotras las mujeres tenemos la libertad

de hacer nuestros sueños una realidad,

porque la mujer vino de Dios, no del machista.

Yo prefiero que mis obras sean mi herencia,

en vez de criaturas granujas.

OBISPO DE TERUEL

Me gusta ser sacerdote,

porque me siento más libre,

de mis pensamientos horribles.

Me hicieron Obispo de Teruel,

por mis buenos actos hacia los jóvenes,

ya que ellos son el futuro de nuestro feligrés.

Desde el comienzo de este choque,

me uní a los nacionales,

ya que compartimos los mismos valores.

Los republicanos me pusieron la espada contra la pared.

Pude ver el odio satánico en sus ojos infieles,

interrogándome por una carta pidiendo ayuda al insurgente.

Lo único que cambiaría es el instante.

Insatisfechos con mi frente,

me pusieron en un coche con internacionales,

que no sabía sus costumbres,

pero teníamos los mismos temores.

Fuimos sacados del coche con rapidez,

hacia un barranco deprimente,

y fuimos ejecutados sin suerte,

pero en paz porque somos los rebeldes,

de la guerra maldita valorada por los ateos.

Seremos beatificados por nuestros victoriosos.

CRUCIFIJOS

Crucifijos para vigilarlos,

crucifijos para observarlos,

crucifijos para educarlos,

crucifijos para disciplinarlos.

Niñas y niños,

miran hacia abajo,

por miedo a que Dios se dé cuenta de sus pecados.

Un marfil crucificado,

causando temor ante su albor.

Clavados sus miedos ante sus corazones,

cada vez que pasan por encima del crucifijo orgulloso.

El crucifijo fascista no acepta los republicanos,

que es lo opuesto del valor cristiano.

Estos crucifijos son el antónimo del crucifijo cristiano,

ya que Cristo aceptó a sus enemigos con brazos abiertos.

Estos crucifijos son más intolerables,

porque solamente aceptan a sus nacionales,

pero nadie los cambia ya que estos crucifijos son hechos de espinas.

Espinas venenosas que contaminan el corazón de falsedades,

y corrompen el cerebro cristiano de sus tentaciones.

Crucifijos para engañarlos,

crucifijos para hipnotizarlos,

crucifijos para cegarlos,

crucifijos para desviarlos,

del verdadero camino cristiano.

ANCLA

Barcos republicanos,

descansando por la costa de los argelinos,

esperando dar ancla para ser bienvenidos.

Los franceses nos rechazan con sus descuidos.

Ancla, para que la tierra sea tocada por nuestros pies.

Ancla, para poder sentir la arena en nuestras manos.

Ancla, para poder respirar el aire en nuestras narices.

Ancla, para poder ver nuevas comodidades.

Las mareas nos prohíben en tocarnos,

pero nuestros propósitos serán suficiente para ser sumergidos,

por la nueva costa de sobrevivientes.

Navegamos por el mar para ser bienvenidos,

para nadie nos quiere aceptar como somos.

¿Para qué sirve anclar si no nos van a ver con brazos abiertos?

Somos extranjeros, no extraterrestres.

Hemos nacido en la misma tierra de los seres humanos.

Tenemos libertad de tocar estas tierras,

disfrutar estas tierras que los demás elaboran.

Las palomas vuelan sobre nuestras cabezas,

esperando a nosotros nos quedemos dormidos,

para ellos poder anclar sus picos en nuestras cabezas.

Ancla, para poder beber el vino perdido.

Ancla, para poder comer el pan prohibido.

Ancla, para poder bailar el baile expulsado,

ancla, para poder cantar la canción excomulgada.

LEY DE RESPONSABILIDADES POLÍTICAS

Ley de Responsabilidades Políticas,

para proteger a nuestros compatriotas políticos.

No podrás esconder algún refugiado político.

Ellos tendrán que obedecer nuestra política.

Si usted, no es parte de nuestra política,

pues salga de este país nacionalista,

ya que no tienes la responsabilidad,

de seguir y obedecer nuestras normas.

Nuestra política es nuestra normalidad,

porque sin nuestra política somos unos anarquistas,

que solamente quieren caos a nuestra querida España.

Leyes nos hacen responsable de nuestra política,

porque son las normas que fortalecen nuestra identidad.

Obediencia, es la nueva tarea para fortalecer nuestra libertad.

Sigue mis leyes, y serás un modelo de nuestra sociedad.

Desobedeces, y serás prisionero en mi jaula,

como los republicanos de mi guarida.

No te protegeré si eres del frente popular,

pero si eres de mi frente nacional,

serás protegido bajo mi nueva política.

Te daré mi palabra,

sigue mis leyes de gracia,

y serás bendecido mucho más

que el republicano más rico.

PUÑO AL AIRE

Niño,

sigue dándole puño al soplo,

aunque te corten los sentidos,

siempre tendrás más sentido común que ellos.

Y eso más valioso que un régimen orgulloso.

Niño,

sigue dándole un puño al aire con orgullo,

para que los nacionalistas sepan dónde está tu corazón.

Para que ellos sepan que tú no tienes miedo de sus riesgos,

y eso es más valioso que el fascismo.

Niño,

sigue dándole un puño al aire con ánimo,

aunque los nacionalistas te corten las manos,

siempre tendrás más vísceras que ellos,

y eso más valioso que tener un buen talento.

Niño,

sigue dándole un puño al aire con esfuerzo,

aunque los nacionalistas te corten tus brazos,

siempre tendrás más agallas que ellos,

y eso es más valioso que ser un buen soldado.

ÚLTIMO GOLPE

Guerra civil dentro de una guerra civil,

peleas entre los mismos civiles,

que pelean para mantener el caos,

de una capital al borde del fracaso.

Un último golpe para los que fracasaron,

un último golpe para resucitar a los muertos,

un último golpe para penetrar a los guerrilleros,

un último golpe para dar esperanza a los ignorados,

que corren hacia el vacío de la guerra con aumento.

Un golpe de desahogo,

porque perdieron todas sus oportunidades de ser recordados,

como un héroe de conflicto.

Los golpes son para reaccionar hacia un horror,

un horror que solamente puede ser detenido con nuestro esfuerzo,

y determinación para derrotar al monstruo,

que nos roba de nuestra paz y método.

Un golpe es un método,

para resolver las barreras que el universo nos prometió,

para ser mejores hombres de calidad y servicio.

Golpes, bombas, trenchas, explosiones,

son la norma de nuestra guerra salvaje,

para dejar de ser civiles y ser militares,

de la nueva orden guerrillera.

CAMINO DE SANTIAGO

Corriendo por el Camino de Santiago,

el primer apóstol en ser asesinado,

por ser un cristiano,

en una zona que el cristianismo no fue aceptado.

Corro por ser republicana,

en una zona fascista,

donde el republicano no es aceptado.

Un águila mecánica me persigue por el camino,

tirándome balas para ser detenida en España.

Corro por varias horas,

la sangre pasando por mis venas,

rápida y exageradamente para llegar a la frontera.

Respiro angustiadamente para poder mover mis ramas,

y ser más veloz que el águila mecánica.

El águila mecánica vuela sobre mi consistencia,

como unas águilas volando sobre su próxima comida.

Evito las balas con audacia,

de ser libre del gobierno nacionalista.

Esquivo el águila mecánica,

con autoridad de naturaleza.

Mis piernas se detienen de manera grosera.

Me tiro al camino con mi cara hacia la tierra,

esperando a mi fallecimiento por el águila mecánica.

Veo a mis alrededores, y ella no está en mis afueras.

Llegué a la frontera francesa.

www.ingramcontent.com/pod-product-compliance
Lightning Source LLC
Chambersburg PA
CBHW031620210526
45464CB00004B/1678